Eduard Ludwig Wedekind

Geschichte des Ritterlichen St. Johanniter-Ordens

Verlag
der
Wissenschaften

Eduard Ludwig Wedekind

Geschichte des Ritterlichen St. Johanniter-Ordens

ISBN/EAN: 9783957000705

Auflage: 1

Erscheinungsjahr: 2014

Erscheinungsort: Norderstedt, Deutschland

Hergestellt in Europa, USA, Kanada, Australien, Japan
Verlag der Wissenschaften in Hansebooks GmbH, Norderstedt

Cover: Foto ©Birgit Winter / pixelio.de

Geschichte

des

Ritterlichen St. Johanniter-Ordens,

besonders

dessen Heermeisterthums Sonnenburg oder der Ballei Brandenburg.

Von

Dr. Eduard Ludwig Wedekind,

Conrector der höhern Bürgerschule zu Krossen, des Vereins für Geschichte der Mark Brandenburg ordentlichem und der Ober-Lausitzischen Gesellschaft der Wissenschaften zu Görlitz außerordentlichem Mitgliede.

Inhalt.

1. Die Entstehung des Johanniter-Ordens.

Es war in der Mitte des elften Jahrhunderts, als eine Gesellschaft von Kaufleuten aus Amalfi in Italien, die jährlich eine Reise nach Aegypten machten, durch wiederholte kostbare Geschenke, welche sie dem dortigen Kalifen Mostaffan Billach und seinen Ministern machten, die Erlaubniß erhielten, in Jerusalem unweit des heil. Grabes eine besondere Herberge für die abendländischen Christen, und zum Behufe der Andachtsübungen eine Kapelle zu erbauen. Die gottesdienstlichen Verrichtungen wurden Benedictinern übertragen, und die Kapelle zu Ehren der heil. Jungfrau die lateinische Mutterkirche (S. Maria della Latina) zum Unterschiede von den griechischen Kirchen, wo man den Gottesdienst nicht nach dem Ritus der lateinischen oder römischen Kirche verrichtete. Bald führte man unweit derselben zwei andere Gebäude zu Herbergen (Albergia) für die Pilgrime beiderlei Geschlechts auf, in welchen Gesunde und Kranke verpflegt werden sollten. Jedes dieser

Gebäude bekam bald nachher seine eigene Kapelle, davon eines der heil. Magdalena, das andere dem heil. Johannes dem Täufer gewidmet wurde, wovon sie sich später Johanniter nannten.

Schon seit den ältesten Zeiten war eine fromme Sitte, nach dem heil. Lande zu wallfahrten und die Orte zu besuchen, wo unser göttlicher Religionsstifter gelebt, gelehrt und gelitten hatte, dort an den heiligen Stätten zu beten, im Jordan zu baden, der durch Jesu Taufe gleichsam geheiliget war.

Als Kaiser Konstantin und seine Mutter Helena das verschüttete heil. Grab am Fuße des Berges Golgatha wieder aufgefunden, mit einem hohen Gewölbe auf schönen Säulen überbauen, und daneben einen Tempel, so wie auf der Spitze des Oelbergs eine kleine Kirche hatten bauen lassen, da wurden die Wallfahrten nach dem heil. Lande immer häufiger; die Araber, welche im siebenten Jahrhundert das Land eroberten, störten die Pilger nicht, da sie in den zahlreichen Besuchen ihren Vortheil erkannten, und ließen die dortige christliche Gemeinde in ihrer Religionsübung ungestört.

Anders wurde es, als 1073 die seldschuckischen Türken, ein rohes asiatisches Bergvolk, das Land eroberten. Die Wallfahrer wurden gemißhandelt, beraubt oder getödtet. Der Eintritt in Jerusalem wurde den Christen nur gegen eine bedeutende Abgabe gestattet.

Bei den griechischen Christen fanden die römischen keinen Beistand. Erkrankten die letzteren, oder war ihr Geldvorrath zu Ende gegangen, so blieb ihnen nur die Wahl zwischen dem Hungertode und der Sclaverei.

Die menschenfreundliche Gastlichkeit der Johanniter oder Hospitaliter fand bald gerechte Würdigung, und bald faßten abendländische Christen, vom Religionseifer und Liebe zur leidenden Menschheit beseelt, den Entschluß, ihrem Vaterlande auf immer zu entsagen, und sich der Pflege und Wartung der Pilger und der Kranken zu weihen. Diese wurden hier mildiglich aufgenommen, beherbergt, gespeist und gepflegt, während die Pfleger selbst Kleienbrod und Bohnenmehl genossen. In dem Hospitale zu St. Johannes in Jerusalem fand der verlassene Pilger einen Freund, der Verfolgte eine Zufluchtsstätte, der Unglückliche Theilnahme an seinem Elende, der Kranke Pflege und Tröstung oder — ein friedliches Ende und ein Grab in der Nähe des Grabes seines Erlösers.

In den ersten Jahren wurde das Hospital durch Almosen erhalten, die jene Kaufleute aus Amalfi in den italienischen Städten einsammelten, nachher kamen immer reichere Geschenke wohlthätiger Christen hinzu.

Es ist bekannt, daß 1099 das erste Heer der Kreuzfahrer unter Anführung des tapfern und edeln Herzogs Gottfried von Bouillon vor Jerusalem erschien und die Stadt eroberte. Die Hospitaliten sollen bei dieser Eroberung sehr wesentliche Dienste dem christlichen Heere geleistet haben. Der damalige Vorsteher des Hospitals, der ehrwürdige Gerhard Tom soll den Christen über die Vertheidigungsmittel und Vertheidigungsweise Nachricht ertheilt haben. Wirklich wurde er von den Türken wegen dieser Anschuldigung in einen finstern Kerker geworfen. Doch ist die Wahrheit dieser Anschuldigung unerwiesen. Gewiß ist es, daß sie den Kranken und Verwundeten des christlichen Heeres sehr wesentliche Dienste leisteten. Als daher Gottfried von Bouillon das Hospital nach einiger Zeit besuchte, so wurde er vom freudigsten Erstaunen ergriffen, als er eine große Anzahl seiner Waffengefährten, die man verwundet dahin gebracht hatte, gepflegt, genährt und fast genesen wieder fand. Alle priesen die treue und unermüdliche Sorgfalt und Pflege der Hospitalbrüder und Gottfried von Bouillon, bekanntlich der erste christliche König zu Jerusalem, machte dem Hospitale schon damals einige wesentliche Schenkungen in seiner Heimath, die Herrschaft Montboire in Flandern. Diesem Beispiel folgten Andere, auch erbte das Hospital die Hinterlassenschaft derer, welche ohne Erben darin verstarben.

2. Die Constitution des Ordens.

Bis dahin hatte das Hospital ohne alle Ordensregeln bestanden; als aber mehrere junge Edelleute aus
dem Heere der Kreuzfahrer sich entschlossen, nicht mehr
nach Europa zurückzukehren, sondern sich ebenfalls zu
Gottes Ehre dem Dienste der Schwachen und Kranken
zu weihen, da beschloß der damalige Vorsteher oder
Rector Gerhard Tom, die fromme Gesellschaft, sowohl Brüder als Schwestern, mit bestimmten Ordensregeln zu versehen. Das Ordenskleid bestand aus
einem einfachen, schwarzen Gewande, an dessen linke
Seite ein weißleinenes Kreuz eingenähet war, dann
legten sie am Fuße des heil. Grabes die drei geistlichen
Gelübbe: „Armuth, Keuschheit und Gehorsam" ab.
Der Papst Paschalis II. bestätigte das neue Institut,
und sprach das Ordenshaus in Jerusalem, sowie alle
ihm gehörenden Güter in Europa und Asien von allen
Abgaben los, auch sollte es sein Ordenshaupt künftig
frei und selbstständig wählen.

Fortwährend erfreute sich das Hospital der Gunst
des neuen Königs von Jerusalem; er verlieh ihm
ganze Herrschaften im Gebiete der Stadt und in den
eroberten Provinzen. Mehrere Könige, der gesammte
Adel Asiens, viele europäische Fürsten und Herren

machten den Hospitalbrüdern Geschenke. Da inzwischen das Zuströmen der christlichen Wallfahrer fortdauerte, und die hülfreiche Thätigkeit der Johanniter sich nicht blos auf Jerusalem beschränkte, so war auch dies dem Orden sehr ersprießlich, indem ihm nun von allen Seiten reiche Besitzungen und Schenkungen aller Art zufielen. Zunächst wurden nun in den bedeutendsten Seestädten Europas, als zu Messina in Sicilien, zu Tarento in Apulien, St. Giles in der Provence, Sevilla in Andalusien ꝛc. auf Kosten des Haupthauses geräumige Hospitäler aufgeführt und mit Johannitern besetzt. Die Filial-Hospitäler waren anfangs dazu bestimmt, den Pilgern und Kriegsleuten, welche mit dem Vorsatze das heil. Land zu besuchen, darin zusammenkamen, zu sicheren Herbergen und Versammlungsörtern zu dienen.

Im Jahre 1118 starb der seitherige Rector Gerhard Tom, und einstimmig wurde von den Brüdern Raymund du Puy (Raymundus de Podio) aus der Provence, einer jener übergetretenen Ritter, als der würdigste zum Vorsteher gewählt. Er nannte sich selbst mit apostolischer Bescheidenheit einen „Knecht der Armen Jesu Christi und Meister des Hospitals zu Jerusalem." Mit ihm hebt eine neue Periode in der Geschichte des Johanniter-Ordens an, still und unbemerkt hatte er bisher dem christlichen Erbarmen und der Bruderliebe gelebt, Raymund du Puy aber beschloß, die Werke der ritterlichen Tapferkeit mit dem christlichen Mitleiden zu verbinden. Er machte aus dem Mönchs-orden mit Beibehaltung der Mönchsregeln einen Ritters-orden, dies war im Jahre 1120, und der Orden des Hospitals St. Johannis erhielt nun die doppelte Pflicht: die Vertheidigung des Königreichs Jerusalem gegen die Ungläubigen (Muhamedaner) und die ununterbrochene Pflege und Wartung der Pilgrime.

Die Johanniter wurden nun in drei Hauptklassen eingetheilt: 1. die Ritter, welche durch abliche Geburt und erprobte Tapferkeit zur Führung der Waffen berechtigt wurden, ohne jedoch bei der Waffenruhe die Pflegung und Wartung der Pilgrime zu versäumen. 2. Die Kapellane, welche außer ihren Pflichten als Geistliche, auch noch die Verbindlichkeit hatten, im Kriege das Amt eines Feldpredigers und im Frieden das eines Almoseniers zu verwalten; sie hießen: Johannes-Priester oder Ordens-Presbyter. 3. Die dritte Klasse waren die sogenannten bienenden Brüder, Serventi d'armi, sie thaten gleichfalls Kriegsdienste und besorgten außerdem die Kranken und Pilger, sie thaten gleichsam die ritterlichen Knappendienste und spielten bald, wie auch die Geistlichen, eine untergeordnete Rolle. Als der Orden reich und mächtig wurde, fanden sie eine sehr zahlreiche Aufnahme. Obwohl sie weder Ritter, noch Priester waren, so fand doch vor ihrer eigentlichen Aufnahme eine gewisse Observanz statt.

So mußten sie vier Karavanen, jede von sechs Monaten thun. In den Kämpfen gegen die Ungläubigen haben sie sehr wesentliche Dienste gethan, weshalb ihnen auch schon sehr frühe gewisse Komthureien zu ihrem Nutzen ausgesetzt waren. Bisweilen wurde der Zudrang zu dieser Klasse so stark, daß die Aufnahme periodisch ausgesetzt werden mußte.

Raymund gab dem Orden bestimmte Statuten, die im Laufe der Jahrhunderte nach den Anforderungen der Zeit und der Bedürfnisse revidirt und verändert wurden; sie waren im Allgemeinen denen der Tempelherren ähnlich, weniger streng und dem Hauptinhalte nach etwa folgende.

Jeder Bruder, welcher in den Orden treten will, soll die drei kanonischen Gelübde halten: Keuschheit, Gehorsam und Armuth, d. h. kein Eigenthum haben.

Jeder Bruder soll die Kranken, welche in das Ordenshaus aufgenommen werden, mit aller Sorgfalt und Milde, pflegen, nach den Einkünften des Hauses halten und herrlich bedienen.

Alle und Jeder, dafern sie nicht durch Krankheit oder Altersschwäche verhindert sind, sollen gegen die Ungläubigen zu Felde ziehen und die Feinde der Christenheit mit Kraft und Wissen bekämpfen.

Die Brüder müssen der Gerechtigkeit und Tugend dienen, die Unterdrückten beschützen, die Wittwen und Waisen vertheidigen und vor Allem gegen die Heiden und Muhamedaner kriegen, sie verfolgen, gleichwie die Makkabäer gegen die Feinde Gottes gethan.

Sie sollen sich des Gottesdienstes befleißigen und außer den sieben Horen täglich noch einhundert und funfzig Paternoster sprechen.

Zu bestimmter Zeit sollen sie fasten und im Jahre drei Mal das heilige Sacrament der Beichte und des Abendmahls empfangen, nämlich Ostern, Pfingsten und Weihnachten.

An den vorgeschriebenen Tagen sollen sie an den Prozessionen, Einer nach dem Andern, wie sie in dem Orden aufgenommen sind, Theil nehmen, Gott um Frieden und Eintracht in der Christenheit anrufen, und darauf für den Großmeister und die sämmtlichen Ritter bitten.

Bei der gemeinschaftlichen Tafel soll der Lector aus einem erbaulichen Buche vorlesen.

Jeder Bruder soll mäßig, nüchtern und einfach leben, das Ordenshabit, nämlich das schwarze Gewand, auf dessen linker Seite das weißleinene Kreuz mit acht Ecken befestiget ist, beständig tragen und niemals ohne dieses Zeichen des Ordens.

In Kriegeszeiten sollen die Ritter statt des schwarzen Ordenskleides (Sutane) einen rothen Waffenrock, über welchen sowohl auf der Brust, als auf dem Rücken in ganzer Länge das Kreuz hinweggeht, zur Bekleidung haben.

Wer in den Orden aufgenommen zu werden begehrt, soll rein und ohne Makel an Blut, Körper und Leben sein, er muß von adlichem und christlichem Herkommen, auch in gesetzlicher Ehe erzeugt und geboren sein, daher er sich auch anheischig machen muß, seinen Adel von acht Ahnen (vier von beiden Eltern) zu beweisen.*)

Niemand soll aufgenommen werden, der schon einem andern Orden angehört, hörig oder Leibeigen ist; ebensowenig Jemand, der von Maranen, Juden, Sarazenen und Muhamedanern abstammt, auch selbst wenn er ein Fürstensohn wäre.

Die Aufnahme in den Orden bedingt wenigstens das dreizehnte Jahr, geraden, starken und abgehärteten Leib, adelichen Sinn und Sitten.

Die Brüder sollen sich keinem Menschen auf Erden mit einem Eide verpflichten; auch keine Kriegsschiffe ohne Wissen des Meisters bewaffnen.

Wenn christliche Fürsten unter einander Krieg führen, so sollen sie partheilos bleiben und Alles verwenden, um sie zu versöhnen.

Die Uebertretung der Gesetze soll mit zeitlichen und ewigen Strafen belegt sein. Die Ordnung des Ranges

--

*) In späteren Zeiten wurden zwar auch Ritter unehelicher Geburt in den Orden aufgenommen, aber nur Söhne von Fürsten oder hohen Herren, mindestens eines Grafen und von einer freigebornen Mutter; sie konnten auch nie zu den hohen Aemtern des Großmeisters, Großpriors und Heermeisters gelangen.

soll beobachtet werden in der Kirche, im Kapitel und an der Tafel, so wie ein Jeder nach dem Andern in den Orden gekommen. In den Tagen der Versammlungen und bei dem jedesmaligen General-Convente, so man auf die Quatember zu halten pflegt, soll die Ordensregel im Beisein aller Brüder laut und vernehmlich vorgelesen werden 2c.

Das weiße Kreuz auf der linken Seite des Kleides mit geraden Balken wurde in ein gleichfarbiges mit acht Ecken oder Spitzen, zum Sinnbilde der acht ritterlichen Tugenden umgebildet. In den Kriegen trugen die Ritter eine glänzende Rüstung, darüber den rothen Waffenrock und Kriegsgürtel mit einem silberfarbigen geraden Kreuze. Die Purpurfarbe stellte sinnbildlich die Erhabenheit ihrer Würde und das Blut zum Siegel ihrer Gelübde vor, welches sie für den Glauben zu vergießen bereit sein sollten.

Die glänzende Kleidung, der Ruf der hohen Kriegsthaten der Johanniterritter, insbesondere die kriegerische Richtung der Zeit mit ihrem Hange zu Abentheuern und zur Romantik veranlaßte die edelsten Jünglinge und Männer aller Länder Europas in den Johanniter-Orden zu treten. Ganze Rittervereine weiheten ihre Schwerdter dem Ordensdienste, verbrüderten sich durch das Band der Gelübde von Neuem, und schwuren Mühe und Gefahr, Ruhm und Beute mit einander zu theilen, keinem Feinde der Christenheit zu weichen, und für Gottes heil. Erde kämpfend zu siegen oder zu sterben.

Unter solchen Umständen wuchs die Zahl der Ordensglieder so heran, daß schon Raymund du Puy dieselben nach der Verschiedenheit der Nationen, von welchen sie abstammten, eintheilen mußte. Dies ist der Ursprung der sogenannten Zungen im Orden, welche Benennung von Lingua Zunge, Sprache herstammt, indem die Sprachverschiedenheit den Maaßstab zur Eintheilung lieferte. Solcher Zungen oder Haupt-Nationen gab es im Johanniter-Orden acht: 1. die von Provence, 2. von Auvergne, 3. Frankreich, 4. Italien, 5. Aragonien nebst Katalonien oder Navarra, 6. Kastilien nebst Portugal, 7. Deutschland und 8. England. Jede dieser acht Zungen hatte einen aus ihr gewählten Vorsteher oder Prior (Balivi conventualis), die wieder zusammen den geheimen Rath des Großmeisters bildeten; außer dem Convente waren die Prioren die höchste Behörde, indem ein Jeder derselben den Geschäften seiner Provinz vorstand.

Damit aber bei der Wahl der Großwürdenträger keine Nation übergangen würde, so war durch ein Gesetz festgestellt, daß gewisse Dienstleistungen nur von Rittern dieser oder jener Zunge versehen werden konnten; dadurch entstanden gleichsam Erbämter in den verschiedenen Zungen, deren Inhaber zugleich der Vorsteher derselben war. So war der Prior oder Großkomthur der Provence der Schatzmeister des Ordens, der von Auvergne Marschall und im Kriege Anführer, der von Frankreich Oberspittler oder Großhospitaller, der der italienischen Zunge Großabmiral, von Arragonien Ordensbrazier, d. i. Vorsteher der Haushaltung, von England Oberseneschal, von Kastilien Großkanzler. Die deutsche Zunge, welche Deutschland oder das deutsche Reich begriff, nämlich: Böhmen, Mähren, Oesterreich, Schlesien, Ungarn, Darien, Dänemark, Schweden und die anderen nördlichen Länder begriff, stand unter dem Groß-Ordens-Bailli, oder dem Groß-Prior, welcher außer der Aufsicht über die Festungswerke und dem Stadt-Commando von Jerusalem, das Inspectorat über die Insel Gozzo und das Kastell St. Pietro in der Levante, so wie das Präsidium in der Zungen-Versammlung führte.

Jedes Priorat umfaßte gewöhnlich vier Kommenden*) oder Komthureien. Die Verwaltung der Komthurei hatte Ein Ritter, so daß dieser mehrere Ritter zu

---

*) Unter diesem Namen wurden alle Ordensgüter verstanden. Ueber den Ursprung des Namens Commendas conf. statuta ord. S. Johann. Hierosol V. Cap. 1.: „Verum cum in communi (praedia aliusque proprietates) administrari non possent propter locorum distantiam et dissidentiam nationum majores nostri ea veritim fratribus per partes regenda commendarunt, unde nomen commendarum sumpserunt, impositis annuis pensionibus, quo augerentur et innuerentur prout rei et tempori, hoc est necessetali convenire visum est."

unterhalten hatte. Die Verwaltung wurde auf Administration und auf gewisse oder ungewisse Zeit ertheilt, z. B. auf zehn Jahre oder auf Kündigung zu jeder beliebigen Zeit. Alle fünf Jahre wurden Visitationen vorgenommen, schlechte Wirthschafter wurden entsetzt, gute Wirthe bekamen dann wohl bedeutendere Kommenden. Dieser klugen Vorsicht hat der Orden die Erhaltung und stete Verbesserung seiner Güter zu danken. Ueber den Prioren standen die Ballivi capitulares, deren Balleien auch aus etlichen Kommenden zusammengesetzt waren, die keine eigene Jurisdiction hatten und verpflichtet waren bei den Provinzial-Kapiteln zu erscheinen.

Hiervon machte die Ballei-oder das Heermeisterthum Brandenburg eine ganz besondere Ausnahme. Sie war von den Ordensballeien in den andern Zungen dadurch unterschieden, daß sie 10 andere Kommenden in sich begriff, und nebenbei mit besondern Rechten versehen war, welche andern Balleien fehlten. Zahlte sie gleich die ihm von Alters her aufgelegten Responsgelder an das Großpriorat über Deutschland, durch welches sie nach Malta abgeführt wurden, so kann es uns im Laufe unserer Darstellung doch nicht entgehen, daß das Heermeisterthum Brandenburg sich schon früh ziemlich unabhängig bewegte. Es führte den Titel: Heermeisterthum in der Mark Brandenburg, Sachsen, Pommern und Wendland mit der spätern Ordensresidenz Sonnenburg.

Nach den Bailli's folgten im Range die Commendatores oder Komthuren, welchen die Verwaltung der Ordensgüter anvertraut war, wovon sie jährlich gewisse Gelder, Responsiones, an die Kasse des Großmeisters abzuliefern hatten. Alle bisher genannten Großwürdenträger des Johanniter=Ordens trugen außer dem weißleinenen Kreuze ein goldenes, ziemlich großes Kreuz am Halse.

Die Ritter wurden nur aus einer der acht Zungen gewählt und wurden zufolge ihrer Geburt Cavalieri di Giustizia, oder wenn sie ohne genügende Beweise adelicher Geburt wegen ihrer Verdienste in den Ritterstand erhoben und in den Orden aufgenommen waren, Cavalieri di Grazia genannt. Während die übrigen Zungen den Nachweis von acht Ahnen, d. h. vier von väterlicher und vier von mütterlicher Seite, machte es die deutsche Zunge sich zum Gesetze, deren statt acht, sechzehn mit Helm und Schild erst als vollgültige Probe anzunehmen.

3. Geschichte des Johanniter=Ordens bis zu seiner Vertreibung aus Palästina 1292.

Wir nehmen hier den Faden unserer Geschichte des Ordens wieder auf und bemerken zunächst, daß ihnen fast von allen Fürsten Europas die ansehnlichsten Vortheile und Freiheiten gewährt wurden. Auch Papst

Hadrian begünstigte den Orden auf alle Weise. So wurde z. B. der Patriarch von Jerusalem, der in einem Alter von hundert Jahren die Reise nach Rom antrat, um sich gegen die Hospitaliter bei dem Papste wegen vorenthaltener Zehnten und Aufnahme von excommunicirten Christen und wegen der prächtigen Ordensgebäude vor der Auferstehungskirche zu Jerusalem zu beschweren, nicht nur abgewiesen, sondern die Ritter auch von der Gerichtsbarkeit des Patriarchats losgesprochen. Kaiser Friedrich Rothbart fügte 1185 noch das Privilegium bei, daß der gesammte Orden unter des Reiches Schutz und Schirm genommen, und daß seine Mitglieder und Güter von allen Steuern, Diensten, Zöllen u. s. w. für frei erklärt wurden. Ja Papst Anastasius gab den Johannitern, nachdem sie das Meiste zur Eroberung der äußerst festen Stadt Askalon beigetragen hatten (1153), die Freiheit der ungehinderten Ausübung des Gottesdienstes an Orten, die mit dem Interdicte belegt waren, und die Erlaubniß, in allen ihren Besitzungen Gottesäcker anzulegen und Kirchen zu bauen, so wie ihre verstorbenen Brüder daselbst mit allen gebräuchlichen Ceremonien zu beerdigen, ohne sich an das darauf liegende Bann-Interdict, von wem es auch herrühre, zu kehren.

Fast gleichzeitig (1125) wurde in Jerusalem ein zweiter priesterlicher Ritterorden, der Tempelritter-Orden gestiftet. König Balduin II. räumte ihnen

eine Wohnung in einem Theile des königlichen Palastes
ein, welcher neben dem Tempel Salomo's war,
weshalb sie: „Fratres militiae templi," Tempelherren,
Templer oder Tempelritter hießen. Durch ihre unbe-
zähmbare, mörderische Tapferkeit — wie flohen die
Ungläubigen vor den weißen Mänteln der Templer! —
begannen sie noch mehr, als die Johanniter die Augen
Aller auf sich zu ziehen. Beide Orden waren nun die
Stütze des neuen Königreichs; sie wurden immer reicher
und mächtiger, und konnten bald ihre Wirksamkeit so
weit ausdehnen, daß sie Ritter und Kriegsknechte in
Sold nehmen konnten. Doch wurden beide Ritterorden durch die unermeßlichen Schenkungen stolz und
übermüthig. *) Tapfer blieben die Orden stets, aber
da sie bald ihre selbstständige und selbstsüchtige Politik
verfolgten, so ist es auch nicht zu leugnen, daß eben
diese Ritter die Anstifter oder wenigstens die Theil-

---

*) König Heinrich III. sagte dem Großmeister ins Gesicht:
„Vos Praelati et Religiosi, maxime tamen Templarii et Ho-
spitalarii, tales habetis libertates et Chartas, quod superfluae
possessiones vos faciunt superbire, et superbientes insanire.
Revocanda igitur sunt prudenter, quae imprudenter sunt concessa, et revocanda consulte, quae inconsulte sunt concessa,"
cf. Matth. Paris ad annum 1252 p. 854. Papst Gregor IX.
schrieb (Ruinald. a. a. 1238) an den Großmeister Bertram
von Paris: „Dolemus et turbati sumus, quod, sicut intellexi-
mus, Vos meretrices in vestris casalibus sub certis appactio-
nibus retinentes incontinenter vivetis etc."

nehmer aller Streitigkeiten im heil. Lande waren. *)
Doch dürfen wir es auch nicht verhehlen, die selb=
schuckischen Türken waren ein tapferes Volk und die
Christen und mit ihnen die Johanniter=Ritter erlitten
nicht selten bedeutende Niederlage.

Endlich 1160 starb der in vieler Hinsicht ehr= und
ruhmwürdige Großmeister des Hospitals, Raymund
du Puy, in einem Alter von fast achtzig Jahren. In
den nächsten elf Jahren waren Großmeister des Ordens
im heil. Lande: Augerius von Balben bis 1163,
Adolph von Comps bis 1167, Gilbert von
Sully oder Assaly aus England bis 1170 und
Castius oder Gasto bis 1171; die Kämpfe mit den
Ungläubigen dauern unter wechselndem Kriegsglücke
fort, die Macht und das Ansehn der Johanniter=Ritter

------

*) Kaum glaublich, aber nichtsbestoweniger verbürgt ist fol=
gender Vorfall: der Orden war mit dem Patriarchen immer noch
wegen des Zehnten im Streite. Wenn nun der Patriarch im
Tempel des heiligen Grabes auftrat und predigte und Ablaß
ertheilte, so ließ der Großmeister im Hospitale alle Glocken so
stark läuten, daß Niemand des Patriarchen Stimme vernehmen
konnte. Als ihm der Patriarch Vorstellungen machte, antwortete
der Großmeister mit Drohungen, die er nur zu bald in Erfül=
lung setzte. Eines Tages (incredibile dictu), als viele Christen
in der Kirche des heiligen Grabes versammelt waren, drangen
die Hospitaliter bewaffnet in dieselbe ein, wie in eine Räuber=
höhle und schossen Pfeile unter ihre Mitbrüder. Man sammelte
diese Geschosse und hing sie zum Denkmal dieser verruchten
That, in einem Bündel zusammen gebunden, am Calvarienberge
auf, wo sie noch in späteren Jahren gesehen wurden.

bleibt aber im beständigen Zunehmen. Von 1171 bis 1179 folgte als Großmeister Joubert oder Jasberto. Was für ein Ansehn sich die ritterlichen Orden im Morgenlande erworben, geht daraus hervor, daß dem Joubert und dem Großmeister der Templer, Odo von St. Amand bei der Abwesenheit des Königs die Reichsverweserschaft vom Königreiche Jerusalem übertragen ward. Um diese Zeit 1173 wurde Jussuf Saladin Herrscher der Ungläubigen. Ueber die großen Eigenschaften dieses Mannes sind auch die christlichen Geschichtschreiber einig. Er war tapfer, gerecht, wohlthätig, edelmüthig, ein Freund und Beförderer der Wissenschaften. Seine Herrschaft erstreckte sich bald von Kairo bis nach Aleppo, und umschloß im Halbkreise den schmalen Küstenstrich des Reiches von Jerusalem; einen gefährlichern Gegner konnten die morgenländischen Christen nicht erhalten. Bald belagerte er Askalon. Aber unter dem Schleier einer dunkeln Nacht machten die Christen auf den sorglosen Feind einen Ausfall, brachten Alles in Verwirrung und warfen die ganze Armee der Ungläubigen zu Boden. Aber Saladin sammelte die Trümmer seines Heeres und stand schon früh um acht Uhr den Christen kampfgerüstet gegenüber. Sein Heer bestand aus 26,000 leichten Reitern, außer denen, welche auf Kameelen und großen Streitrossen ritten. Das christliche Heer zählte nur 370 geharnischte Ritter, zur Hälfte Johanniter und Templer. Zwar widerstanden die Ungläubigen dem ersten Angriffe mit Muth und Entschlossenheit, bald aber vermochte Saladin die gesprengten Glieder nicht mehr zu halten, sie löſten sich in die wildeſte Flucht auf und eine völlige Niederlage erfolgte. Ein Waffenſtillſtand machte auf einige Zeit dem Kriege ein Ende.

Unterdeſſen starb der ruhmwürdige Großmeiſter Jaubert und ihm folgte bis 1187 Roger des Moulins. Unter ihm kam die längſt im Stillen genährte unselige Zwietracht der Johanniter und Templer zum Ausbruch. Mit ſtillem Ingrimme hatten die erſtern das ſchnelle Wachsthum der leßtern geſehen, die ihnen ſo oft hemmend in den Weg getreten waren, Ehrgeiz und Herrſchſucht vollendeten das Uebrige, Haß und offne Feindſchaft waren die Folge.

Dieſe und andre Zwiſtigkeiten unter den chriſtlichen Häuptern benußend, hatte Saladin den Krieg von neuem begonnen und war am 1. Mai 1187 vor St. Jean d'Acre gerückt, welches die Johanniter beſeßt hatten. Mit ungeſtümen Stolze forderte er ſie zur Uebergabe auf. Allein der Großmeiſter antwortete kühn und entſchloſſen: „Die Johanniter ſind nicht gewohnt, Städte zu überliefern, die ihrem Schuße anvertraut ſind, ſondern mit dem Schwerdte den Frevel der Ungläubigen zu beſtrafen und mit Ehr' und Ruhm zu ſiegen oder zu ſterben.“

Eine gleiche Entschlossenheit ergriff die ganze Einwohnerschaft, die ihr Schicksal, Tod oder Sclaverei, wohl kannte. Mit Feuer und Schwerdt dringen sie in einer finstern Nacht in's feindliche Lager. Bald loderten die Zelte in Flammen auf und ein furchtbares Blutbad begann. Doch war die Uebermacht der Ungläubigen zu groß, der Großmeister wurde von Saladins eigener Hand getödtet, doch dauerte der Kampf fort, und erst Erschöpfung von beiden Seiten endigte denselben. Der Sieg war unentschieden, doch verließ Saladin zuerst das Schlachtfeld.

Guarin von Soria, der auch in der Schlacht sofort den Oberbefehl übernommen hatte, wurde nun Großmeister, nachdem er schon eine lange Reihe von Jahren Groß-Prior von England gewesen war. Sein erstes Geschäft war, die erschöpften Kräfte des Ordens wieder herzustellen. Er zog alle in den umherliegenden Burgen und Ordenshäusern zerstreueten Ritter zusammen, ersetzte die Gefallenen durch neue Aufnahmen und war überall bemüht, den Unternehmungen des Feindes mit Besonnenheit und Nachdruck zu begegnen. Hierauf lieferte Saladin am 4. Juli 1187 den Christen bei Tiberias eine große Entscheidungsschlacht; sie wurden gänzlich geschlagen, der König Guido und sein Bruder, der Großmeister der Templer und viele andere Ritter wurden gefangen, der Johanniter-Großmeister hatte sich, nachdem Alles bereits verloren war, mit Löwenmuth durch die Feinde durchgeschlagen und erreichte glücklich Askalon, starb aber nach wenigen Tagen an seinen unzähligen Wunden. Hierauf ergaben sich Sidon, Joppe, Akkon und andere Städte, Vesten und Burgen; endlich am 3. October auch Jerusalem, nachdem sich die Stadt 14 Tage tapfer vertheidigt hatte; aber Angriff auf Angriff war erfolgt, bis endlich der Sultan der Königin, dem Adel und allen Rittern freien Abzug gestattet hatte. Die übrigen Bewohner sollten ein Lösegeld bezahlen, 10 Goldstücke für einen Mann, 5 für die Frau und 1 für das Kind. Den Armen bewilligte er freien Abzug, vertheilte noch 200,000 Goldstücke und ließ auch noch die in den Schlachten Gefangenen umsonst los, als ihre Weiber und Kinder ihn darum anfleheten. Den Hospitalitern, von deren menschenfreundlichen Anstalten er Kenntniß genommen, erlaubte er aus freiem Antriebe, sich noch ein ganzes Jahr bis zur völligen Genesung ihrer Kranken in Jerusalem aufzuhalten, denn auch als Feinde pries er diesen erhabenen Muth der Menschenliebe. Doch hatte er die im Kampfe bei Tiberias gefangenen Johanniter- und Tempel-Ritter ermorden lassen. Der Halbmond schaute nun von der Burg David's herab und heidnische Paniere flatterten auf allen Thürmen und Zinnen der Stadt. Jetzt war es auch, wo die Schwestern des heil. Johannes Palästina für immer verließen und zu Siena in Spanien, zwischen Saragossa und Lerida ein eigenes Kloster gründeten. Bald entstanden mehrere solcher Klöster in Spanien, Frankreich und Italien; sie hießen: Dames de l'ordre de St. Jean und mußten fast noch schwerere Adelsbeweise beibringen, als die Ritter. Ihre Hauptbeschäftigung bestand darin, für den Orden zu beten.

Großmeister war inzwischen Ermengard von Aps, der den Hauptsitz der Johanniter nach Margat, einem in Phönizien am Meere gelegenen Felsenschlosse, verlegte, von wo aus die Johanniter an der vom Könige Richard Löwenherz von England und Philipp August von Frankreich unternommenen Eroberung von Ptolomais den thätigsten Antheil nahmen und sich dann auch in Ptolomais selbst niederließen. Hier starb auch der Großmeister, dem der schlaue Gottfried von Duisson, von 1192 bis 1201, folgte

Es ist bekannt, daß der dritte Kreuzzug an dem Tode Kaisers Friedrich Rothbart in Kleinasien und der Uneinigkeit der Könige von England und Frankreich scheiterte. Die folgenden Großmeister waren: Alfons von Portugal bis 1204; Gottfried le Rat bis 1207; Guerin von Montaigu bis 1230, unter ihm erwarb Kaiser Friedrich II. von Deutschland wieder durch gütlichen Vertrag (1229) Jerusalem, Bethlehem und Nazareth, indem unter den Nachkommen Saladins große Thronstreitigkeiten ausgebrochen waren. Dann folgte als Großmeister Bertrand von Texis bis 1240 und auf diesen bis 1244 Guerin. Unter ihm nahm der ägyptische Sultan die türkischen Banden der Chowaresmier in Sold, welche damals die Gegenden zwischen Euphrat und Tigris plündernd durchstreiften. Diese eroberten zuerst Tiberias, drangen verheerend bis Jerusalem vor, nahmen nach kurzem Widerstande die heil. Stadt ein, mordeten die Bewohner, zerstörten das heil. Grab, öffneten die Grüfte der Könige und verbrannten die Gebeine, welche sie fanden. Die beiden Ritterorden thaten Wunder der Tapferkeit und kämpften unermüdet fort, bis sie von der Uebermacht überwältigt, fast alle den Heldentod fanden. Von den Johannitern kamen nur 26 und von den Templern 33 Ritter mit dem Leben davon; beide Großmeister fand man in dem dichtesten Haufen der Feinde unter den Todten.

Bald sammelten sich indessen die Brüder des Hospitals wieder, und wählten in Bertrand von Comps ihren sechzehnten Großmeister, einen Mann von tiefer Einsicht und erprobter Tapferkeit. Die Chowaresmier fielen bald nach jenem Siege in Uneinigkeit, rieben sich unter einander auf und gingen spurlos unter. Schon konnten die Johanniter die Tartaren aus Ungarn vertreiben helfen, und gleich darauf lieferten sie den Turkomanen ein zwar sehr blutiges, aber siegreiches Gefecht auf den Gefilden Palästina's, in welchem jedoch der Großmeister und die tapfersten Ritter ihr Leben verloren. — Ihm folgte von 1243 — 1251 Peter von Villetride. Im Jahre 1249 unternahm

Ludwig der Heilige seinen Kreuzzug gegen Aegypten. Dahin folgten auch beide Ritterorden. Hier erlitt das christliche Heer bei der Erstürmung der Stadt Massur eine schreckliche Niederlage, besonders die beiden Orden, denen der König Feigheit und Treulosigkeit vorgeworfen hatte. Der Ordensmeister mit wenigen Rittern geriethen in Gefangenschaft, fast alle übrigen Johanniter=Ritter fanden den Heldentod.

Drei Jahre nach dieser Bebebenheit, nachdem sie nichts von dem Schicksale ihres Meisters erfahren hatten, erwählten sie Wilhelm von Chateauneuf zu ihrem Großmeister. Unter ihm brach die Zwietracht mit den Templern wieder in lichte Flammen aus, es kam zu einer förmlichen Schlacht, in welcher die Hospitaliter siegten, kaum ein einziger Templer soll übrig geblieben sein, der die Nachrichten in die verwaisten Häuser*) seines Ordens bringen konnte, und daß sie Verstär= kungen aus dem Abendlande kommen lassen mußten. Die Johanniter aber erhielten vom Papste das Kloster auf dem Berge Tabor und das feste Schloß Be= thania. In demselben Jahre starb Wilhelm von Chauteauneuf.

Ihm folgte von 1259 bis 1278 Hugo von Revel, der den Orden stark reformirte, auf die alte

---

*) Ueber diese Ordensbrüderschaft cf. Matth. Paris. ad annum 1259 p. 987. Wilken, Gesch. des Tempel=Ordens Bd. 1. S. 201.

Einfachheit zurückführte und ihm wieder innere Kraft und Stärke verlieh. Doch erlitt er gegen die Sultane von Aegypten mehrfache große Niederlagen und Verluste. Er war es, der vom Papste Clemens IV. zuerst den Titel eines Groß-Meisters „Magnus Magister" im Jahre 1267 erhielt, früher hatten sie eigentlich nur den Namen „Meister."

Unter seinem Nachfolger Nikolaus (dem Frommen) von Lorgue eroberten die Ungläubigen 1284 die Feste Margat und schleiften sie gänzlich. Zum Andenken an die Feste Margat sollen einige deutsche Johanniter, wie alte Chroniken erzählen, in ihrem Vaterlande die Feste Margatheim oder Mergentheim erbaut haben, die lange im Besitze der Johanniter war, aber später, nachdem Heitersheim des deutschen Johanniter-Heermeisterthums geworden war, Eigenthum und Hauptsitz des deutschen Ritterordens wurde. Indessen wurde die Lage der morgenländischen Christen immer bedrängter, der Geist der religiösen Schwärmerei war vorüber. Vergebens bat der Großmeister die christlichen Fürsten um Unterstützung, nur wenige eiligst zusammengeraffte Schaaren, die auf venetianischen Schiffen übergeführt wurden, waren die Frucht seiner Bemühungen. Mit dieser letzten unbedeutenden Streitmacht begab er sich nach St. Jean d'Acre oder Ptolomais, wo sich zwanzig von einander unabhängige Fürsten eingefunden hatten, und in besonderen Quartieren residirten, um wenigstens diesen letzten Platz zu behaupten. Aber im Buche des Schicksals war es anders beschlossen, doch erlebte dies "der fromme Nikolaus" nicht mehr, er starb 1288.

4. Die Johanniter auf der Insel Cypern 1292 bis 1309.

Drei Jahre lang hielten sich die Christen in Ptolomais; ihre Hauptstütze waren die beiden Ritterorden. Im Jahre 1291 rückten die Ungläubigen vor die Stadt, welche der König von Jerusalem verlassen hatte. Da auch der Großmeister der Templer im Kampfe gefallen war, so stand der neue Johanniter-Großmeister, Johannes von Villiers (von 1288 bis 1294) ganz allein und vertheidigte die Stadt Schritt vor Schritt. Endlich warfen sich dreihundert Templer mit dem Reste der Johanniter in den Thurm des Tempels. Vergebens wurde er unablässig von den Ungläubigen bestürmt, endlich ließ der Sultan den Thurm untergraben, daß er unter entsetzlichem Krachen einstürzte und die tapfern Vertheidiger unter seinen Trümmern begrub. Nun verließen die übriggebliebenen Johanniter das heil. Land, um welches sie unter ein und zwanzig Großmeistern 213 Jahre ritterlich gekämpft hatten und begaben sich nach der Insel

Cypern, welche allein noch dem Könige von Jerusalem geblieben war. Gastfreundlich nahm sie der König auf und räumte ihnen die offene Stadt Limisso als Wohnort ein. Hierher berief nun der Großmeister alle in den christlichen Ländern zerstreute Johanniter-Ritter zu einem General-Kapitel. Dadurch kam der ganze Orden in Bewegung und mit edler Bereitwilligkeit eilten Greise und Jünglinge dahin, nie war ein zahlreicheres General-Kapitel zusammen gekommen. Es wurde beschlossen den Kampf gegen die Ungläubigen ununterbrochen fortzusetzen, aber auch in der Kranken- und Armenpflege unverdrossen fortzufahren. Hierauf rüstete man die Schiffe aus, auf welchen die Ritter gekommen waren, und machte reiche Beutezüge gegen die Ungläubigen und die zahlreiche Korsaren im Griechischen Meere. Dadurch wurde der erste Grund zu der nachmals so bedeutenden Seemacht des Ordens gelegt. Aber auf der andern Seite erzeugte dies außerordentliche Waffenglück, die reiche Beute und die immer steigende Macht Luxus, Ueppigkeit und Verfall der Ordensdisciplin. An dem folgenden Großmeister, Udo von Pins, erhielt der Orden einen Frömmler, der vom Sonnenaufgange bis spät in die Nacht am Fuße des Altars im brünstigen Gebete lag, sich aber kalt und unkundig gegen das Waffenwerk bewies. Die Ritter verklagten ihn daher beim Papste und drangen auf seine Absetzung. Der Papst berief ihn nach Rom, um seine Vertheidigung zu hören, aber unterweges starb der schwache Greis 1296. Sein Nachfolger war Wilhelm von Villaret. Unter ihm schlugen die Johanniter den Sultan von Aegypten 1300, eroberten die Stadt Camela, ganz Syrien und Damaskus. Bald darauf wurden die Johanniter in die Unruhen verwickelt, die von den Bewohnern von Cypern gegen den König erregt wurden, und man beschloß, da der König ungebührlich von ihnen einen Tribut forderte, Cypern zu verlassen und die Insel Rhodus zu besetzen. Doch starb der Großmeister vor der Ausführung dieses Planes 1309.

5. Geschichte der Johanniter- (Rhodiser-) Ritter auf der Insel Rhodus von 1309 bis 1522.

Unter Fulko von Villaret, der von 1309 bis 1323 Großmeister war, nahmen die Johanniter wirklich die Insel Rhodus ein. Sie gehörte damals eigentlich dem byzantinischen Kaiser, allein es hatten sich sarazenische Seeräuber derselben bemächtigt, weshalb sie der Kaiser dem Orden überließ, der sie nach Verlauf einiger Jahre mit den dazu gehörigen zehn kleinern Inseln gänzlich eroberte. Seitdem hießen die Ritter gewöhnlich Rhodiser Ritter. Diese Erobe=

rung brachte den Orden auf den höchsten Gipfel der Macht, des Ansehns und Ruhmes, er wurde seitdem ein mächtiger Staatskörper. Rhodus erlangte seine frühere Blüthe wieder, Handel und Gewerbe wurden frei gegeben, die Städte und Dörfer wurden neu aufgebaut, die Festungswerke wieder hergestellt. Die Häfen standen der ganzen Welt offen und die Flaggen der Ordensschiffe selbst weheten auf allen Meeren.

Ein anderes Ereigniß, welches den Johanniter-Orden so außerordentlich hob, war der tragische Untergang des Tempel-Ordens von 1306 bis 1314. Dieser Orden besaß damals gegen 10,000 ansehnliche Balleien, Komthureien, Priorate und Tempelhöfe, meistens in Frankreich. Aus dem Gefühle ihrer Stärke und Größe zeigten sie öfter Widerspruch und Ungehorsam gegen die Regenten. Durch das Streben einiger Mitglieder nach Einfluß in Frankreich, durch den Geist des Geheimnisses und der Verschwiegenheit, der seine innern Verhältnisse umhüllte und seine Mitglieder zusammenhielt, aber am meisten durch seine Macht und seinen Reichthum war der Orden den Fürsten verdächtig. Man redete von ehrgeizigen Plänen auf den Umsturz aller Throne und auf Errichtung einer europäischen Adels-Republik mit freiern Glaubensansichten. Daher berief der Papst Klemens V. auf Veranlassung des Königs von Frankreich, Philipps des Schönen, unter dem Vorwande nothwendiger

Berathung Behufs eines neuen Kreuzzuges, den Großmeister Molay mit 60 Rittern von Cypern nach Frankreich. Hier wurden diese und alle anwesenden Ritter
am 13. Oktober 1307 durch königliche Söldner auf
Einmal verhaftet und ihre Güter mit Beschlag belegt,
dann wurde ein Prozeß wegen Ketzerei gegen sie erhoben
und durch die schrecklichen Folterqualen Geständnisse
ausgepreßt von Freveln, die nie im Orden gewesen
waren. Noch im Jahre 1310 ließ der Erzbischof von
Sens Ritter lebendig verbrennen, die jedes Verbrechen
geläugnet hatten; allenthalben in allen Sprengeln
verfuhr man so mit diesen Schlachtopfern der Willkühr
und Habsucht. Der Papst forderte sogar die Fürsten
auf zu gerichtlicher Verfolgung der Templer und theilte
dann mit ihnen die Beute. 1314 wurde der Großmeister Molay und der Groß-Prior der Normandie
Guido in Paris öffentlich verbrannt und auf dem
Concile zu Vienne die Güter der Templer den Johannitern zuerkannt, doch konnten diese ihre Anrechte nur
an den wenigsten Orten und dann auch nur mit den
größten Geldopfern geltend machen. Am längsten be-
haupteten sich die Templer in Deutschland, wo man sie
mild und gerecht behandelte. Wir kommen später noch
einmal im Besondern auf diesen Gegenstand zurück.

Dieser große Zuwachs an Reichthum und Macht
war für den Orden mehr ein Verlust als Gewinn.
Besonders wurde der bis dahin tapfere und verständige

Großmeister von Verderbtheit ergriffen, indem er einen königlichen Hofstaat und Aufwand einführte. Vergebens warnte das traurige Beispiel der Templer, umsonst widersetzten sich die Aeltesten des Ordens, die Reize des Genusses waren zu verführerisch und das Betragen des Großmeisters nur gemacht, die jüngern Ritter in ihren Lastern und Ausschweifungen zu stärken. Endlich entstand gar eine Verschwörung. Villaret flüchtete unter dem Vorwande einer Jagd in das feste Schloß Liedo, worauf er vom Ordensrathe entsetzt und Moritz von Pagnac an seiner Statt zum Großmeister er= hoben wurde. Nun kam die Sache an den Papst, der Beide nach Avignon berief; Moritz von Pagnac starb unterwegs, aber auch Villaret wurde nur auf eine bestimmte Zeit wieder eingesetzt und mußte schein= bar freiwillig 1323 abdanken. An seine Stelle kam Helior von Villeneuve bis 1346 und dann Theodat von Gazon, genannt der Drachentödter, weil er am Fuße des Stephansgebirges, in derselben Weise, wie dies in dem berühmten Gedichte von Schiller dargestellt ist, einen Drachen oder Lindwurm tödtete. Hierauf folgten: Peter von Cornillan bis 1355, Royer v. Pins bis 1365, Raimund Berengar, Graf von Barcellona bis 1374, Robert v. Julliac bis 1376 und dann Johann Ferdinand v. Heredia bis 1396, der einer der größten und würdigsten Meister des Ordens war. Unter ihm wurde im Jahre 1384 der sogenannte Heimbach'sche Vergleich geschlossen, von welchem später noch einmal die Rede sein wird.

Ihm folgte von 1396 bis 1421 Philibert von Naillac, ein würdiger Mann, der an der Schlacht bei Nikopolis gegen Bajazet Theil nahm, in welcher die Christen so geschlagen wurden, daß außer dem Könige von Ungarn und dem Großmeister der Hospitaliter Niemand entkam, die in einem Fischer=kahne über die Donau setzten. Von nun an war stilles, friedliches Wirken der Hauptzweck seiner Verwaltung. Sein Nachfolger von 1421 bis 1437 Anton von Flavian hielt unter andern 1428 ein sehr zahlreich besuchtes General=Kapitel, worin er in feuriger Rede auseinander setzte, daß man der vereinigten Macht der Türken und Perser nur durch Vereinigung aller Kräfte widerstehen könnte. Dann forderte er auf, die jähr=lichen Responsionen pünktlich einzusenden, ohne welche die Religion, d. i. der Orden, nicht bestehen könnte. Alle Brüder erkannten die Richtigkeit und Wichtigkeit dieser Gründe und bewilligten den Verkauf der Ordens=güter an Weltliche auf Lebenszeit. Endlich wurde auf dieser Versammlung als Oberhaupt über alle in Deutschland befindlichen Priorate eine neue Würde, die des Großbaillifs oder Groß=komthurs der deutschen Lande, dessen Sitz zu Heitersheim im Breisgau war, errichtet, und ihm nicht nur die Aufsicht über alle Komthureien

selbst in Böhmen und Mähren, sondern auch der Ober=
befehl über das St. Petersschloß in Karino anvertraut.
Dieser Großmeister genoß das seltene Glück, durch keinen
äußern Feind beunruhigt zu werden. So glücklich war
sein Nachfolger, Johann von Lastic (von 1437
bis 1454) nicht. Schon 1440 rüsteten sich der Sultan
von Aegypten und der Türkische Kaiser Amurat gegen
die Rhodiser, aber muthig wurde ein vierzigtägiger
Sturm abgeschlagen, viele Schiffe wurden zerstört oder
genommen, endlich flohen die Feinde. Diese Helden=
that erregte in allen Ländern eine so große Bewunde=
rung, daß aus dem ganzen Abendlande Edelleute und
Ritter zusammenströmten, um sich aufnehmen zu lassen.

Unter den vier folgenden Großmeistern: Jakob
von Milly bis 1454, Peter Raymond Zakoster,
Johann Baptist Orsini bis 1476 und Peter
von Aubusson bis 1503 fiel Wichtiges nur unter
dem Letztern vor. Nie hat ein Ordensmeister durch
persönlichen Edelmuth, Thatenlust und Tapferkeit die
von ihm gehegten großen Erwartungen so übertroffen,
ein ganz neuer Geist kam in den Orden, der auch bald
auf die Probe gestellt wurde. Längst schon (1453)
war Konstantinopel mit dem ganzen Griechischen Kaiser=
staate in den Händen der Türken, die auch über Syrien
und Kleinasien herrschten. Natürlich war ihnen die
kleine Johanniter=Insel stets ein Dorn im Auge. Jetzt
erscholl die Nachricht von neuen Rüstungen der Türken;

auf fremden Beistand war nicht zu rechnen, da rief der Großmeister die Brüder aller Länder herbei; sie kamen in großer Menge, mit ihnen viel thatenlustige Ritter und Kämpfer; der Großmeister hatte auch die Vorsicht gehabt, alle Festungswerke in den besten Stand setzen zu lassen. Jetzt ernannte er vier Hauptleute und den Grafen von Werdenberg, einen deutschen Ritter, der sich als Groß-Prior von Brandenburg nicht geringe Verdienste erworben hatte, zum Anführer der ritterlichen Reiterei; da erscholl die Nachricht, daß die türkische Flotte 200 Segel stark mit 100,000 Streitern herannahe. Furchtbar und unablässig waren die Angriffe und Stürme der Türken, unbeschreiblich die Tapferkeit und der Heldenmuth der Ritter und ihres Meisters, nur mit dem Untergange beider Theile schien der Kampf enden zu wollen. Da ergriff die türkische Flotte Feuer und die Türken selbst ein panischer Schrecken — Rhodus war gerettet; dies war am 23. März 1480.

Unter Aubuffons Nachfolger, Emmerich von Amboise, von 1503 bis 1512, verrichteten die Johanniter viele Heldenthaten zur See; so erbeutete der Komthur von Gaftinau, einer der ersten Seehelden des Ordens, die große Karacke, ein Schiff, welches alle Jahre mit den kostbarsten Waaren von Alexandrien nach Konstantinopel segelte. Da beschloß der Sultan von Aegypten die Vernichtung der Seemacht der Ritter mit Einem Schlage. Er befahl den Bau einer neuen großen Flotte und ihre Ausrüstung im Meerbusen von Ajazzo; allein kaum erfuhr dies der Großmeister, so ließ er eben jene eroberte erbeutete Karacke, die sieben Stockwerke hoch war und mehr als 1000 Soldaten faßte, vier Galeeren und 18 Linienschiffe ausrüsten, welche nach einem dreistündigen mörderischen Gefechte die Schiffe theils nahmen, theils sammt den ungeheuren Vorräthen verbrannten und so des Sultans Plan auf lange Zeit hinaus vereitelten.

Nur Ein Jahr dauerte die Regierung Guido's von Blanchefort; ihm folgte Fabricio del Carretto von 1513 bis 1521, der bei dem Kriegsheere die großen Hunde einführte, die den ganzen Tag umherschwärmten, auf ein gewisses Glockenzeichen zum Futter kamen und dann wieder fortliefen, um jeden Türken in Stücken zu reißen, der sich sehen ließ. Während seiner Regierung bestieg in Deutschland Kaiser Karl V. und in der Türkei der kriegerische Soliman II. den Thron. Letzterer wünschte dem neuen Großmeister, Philipp Velliers de L'Isle-Adan (1521 bis 1534) Glück zu seiner Erhebung und zeigte ihm zugleich an, daß jetzt nach der Eroberung der Festung Belgrad, Rhodus und die Rhodiser-Ritter sein Lieblingsgedanke sei. Wirklich sandte er im Sommer des Jahres (am 24. Juni) 1522 eine Flotte von 400 Segeln mit 140,000 Landtruppen gegen den Orden, ber einer solchen Uebermacht nur 600 Ritter und 4500 Soldaten entgegen stellen konnte, doch war Alles in den besten Vertheidigungsstand gesetzt. Nach täglichen Angriffen und Stürmen, die Soliman selbst leitete, erfolgte am 17. September ein Hauptsturm, auch er wird mit dem Untergange von 15,000 Türken abgeschlagen, ein zweiter Hauptsturm erfolgt am 22. September, schon waren mehrere Basteien durch Pulverminen in die Luft gesprengt, eine Bresche 24 Stunden lang mit den schwersten Kanonen beschossen, schon kann die heldenmüthigste Tapferkeit der immer neu vorbringenden Menge der Türken nicht mehr widerstehen, schon verkündet der schauerliche Ton der Sturmglocke die höchste Noth und Alles schien verloren, da sandte der Himmel unerwartete Hülfe, einen furchtbaren Platzregen, und abermals mußten sich die Türken zurückziehen. Nach mehreren neuen Kämpfen, durch welche die Bewunderung Solimans über die beispiellose Tapferkeit der Ritter aufs höchste stieg, kam es zu gütlichen Unterhandlungen, die Ritter erhielten freien Abzug mit ihrer ganzen Habe und auf 50 Schiffen segelten sie ab, nach Kandia zuerst, dann nach Messina in Sicilien, und als hier die Pest ausbrach, gingen sie nach Rom, Viterbo und einigen andern Städten, bis ihnen Kaiser Karl V. unter der Bedingung eines beständigen Kampfes gegen die Ungläubigen die Inseln Malta, Gozzo und Kamino überließ. Dies war im Jahre

1530 und hiermit beginnt eine neue Epoche in der Geschichte der Johanniter, die auch seitdem den Namen Malteser-Ritter erhielten.

6. Die Insel Malta, als Ordenssitz.

Bald nach der Einnahme von Malta wehete die Ordensflagge zum Schrecken der Ungläubigen wieder auf dem Meere, und schon konnte der Orden unter dem Großmeister Pierino del Ponte (1534 bis 1535) dem Kaiser Karl V. auf seinem Zuge gegen Tunis vierundzwanzig Schiffe mit vierhundert Rittern, von denen jeder zwei Knappen hatte, zu Hülfe senden. In diesem Kriege zeichnete sich besonders Georg von Schilling, Groß-Prior von Deutschland, durch Muth und Unerschrockenheit so sehr aus, daß Karl ihm die Reichsfürstenwürde im Jahre 1548 verlieh und diese dem deutschen Johanniter-Meisterthume einverleibte. Auch unter der kurzen Regierungszeit Dietrichs von St. Jaille 1535 und 1536 fehlte es an Kämpfen gegen die Ungläubigen nicht. Fast täglich wurden erbeutete Schiffe in den Hafen von Malta eingeführt. Alle diese Unbille zu rächen, sandte Soliman II. ganz unvermuthet eine ungeheure Flotte von 112 Galeeren und viele andere Schiffe. Der Großmeister Johann von Omedes (1536 bis 1553) war wohl nicht recht auf seiner Hut gewesen, dennoch kämpften die Ritter mit dem gewohnten Heldenmuthe und die Türken segelten unverrichteter Dinge wieder fort, so daß die stark beschädigten Festungswerke wiederhergestellt und das gleich nachher so berühmt gewordene Fort St. Elmo erbaut werden konnte.

Unter dem Ordensmeister Claubius von Sangle bauerten die seitherigen Verhältnisse fort (1553 bis 1557), aber mit Johann de la Balette, mit dem Beinamen Parisot, kam ein Mann an die Spitze der Malteser, der zu den ausgezeichnetsten Männern seines Jahrhunderts gehörte, sein Heldengeist beseelte Hohe und Niedere und unter ihm erreichte der Orden den Culminationspunkt seiner Größe. Der türkische Kaiser Solimann II. über den oben erwähnten schmachvollen Rückzug seiner Flotte und die fortbauernden Feindseligkeiten der Malteser ergrimmt, beschloß die Ritter von ihrer Insel zu vertreiben und ihre Festungen der Erbe gleich zu machen. Unerhörte Rüstungen wurden im ganzen Reiche angeordnet, alle Schiffe bemannt und eine furchtbare Armee zusammengezogen. Inzwischen hatte auch der Großmeister alle Ritter zusammenberufen, sie kamen von allen Seiten mit ihren Wappnern und Reisigen und bei der Musterung zeigten sich ohne die bienenden Brüder etwa 700 Ritter und 9000 geringere Streiter.

Am 18. Mai 1565 erschien die türkische Flotte

auf der Höhe von Malta, sie bestand aus 159 Galeeren und Galiotten und hatte 40,000 Mann der besten Truppen am Bord. Sie landeten und begannen zuerst die Belagerung des Forts San-Elmo; erst am 23. Julius wurde es nach täglich wiederholten Stürmen erobert; es kostete 130 Rittern und 1300 Soldaten, aber auch 8000 Türken das Leben. Gleichzeitig wurden auch die andern Forts belagert und bestürmt, von Tage zu Tage wurde die Belagerung hartnäckiger und mörderischer, eine Mauer nach der andern wurde von den Geschützen niedergestürzt, Stürme folgten auf Stürme den ganzen Monat August hindurch, aber die Ritter wichen nur Schritt vor Schritt und waren fest entschlossen, sich unter den Trümmern ihrer Hauptstadt zu begraben, da kam endlich Hülfe vom Vice-Könige von Sicilien, 6000 Mann, und nun hoben die Türken die Belagerung mit so großer Eilfertigkeit auf, daß sie sogar vergaßen, ihre ungeheuren Kanonen mitzunehmen, die so große Verwüstung angerichtet hatten. Vier Monate hatte diese Belagerung, die den Türken 30,000 Menschen kostete, gedauert, und die Welt war erfüllt von dem Ruhme der Malteser und ihres Großmeisters La Valette. Glücklicherweise starb bald darauf Soliman.

Die Kämpfe mit den Türken und Barbareskenstaaten auf der Nordküste von Afrika dauerten auch in den folgenden Jahrhunderten fort. Manche That kühnen ritterlichen Muthes wurde vollbracht, doch entstand auch häufiger Zwiespalt unter den Rittern, die alte edle Zucht war dahin. Die Namen der Großmeister von dieser Zeit ab, waren: Peter von Monte 1568 bis 1572; Johann l'Eevesque de la Cassière von 1572 bis 1581; Hugo von Loubeur von Verdale's von 1581 bis 1595; Martin von Garzes von 1595 bis 1601; Alfons von Vignacourt von 1601 bis 1622; Ludwig Mendez de Basconcellos, 1622 bis 1623; Anton von Paulla von 1623 bis 1636; Paul Laskaris de Castellar 1636 bis 1657; unter ihm erhielt der Orden einen harten Schlag dadurch, daß durch den westphälischen Frieden 1648 viele deutsche Ordensgüter protestantischen Fürsten zugetheilt wurden; dieser Verlust war um so empfindlicher, da während des ganzen dreißigjährigen Krieges fast alle Einkünfte aus dem deutschen Großpriorate ausgeblieben waren; Martin von Redin von 1657 bis 1660; Annet Clermont von Chattes-Gessan, der nur drei Monate regierte; Rafael Cotoner 1660 bis 1668; Nikolaus Cotoner, sein Bruder, bis 1680; Gregor Caraffa bis 1690; Habrian von Vignacourt von 1690 bis 1697; Raimund Perellos von Roccaful bis 1720; die ganze Regierungszeit dieses berühmten Großmeisters war eine fortlaufende Kette von siegreichen Thaten des Malteser-Ordens; Marc-

Anton Zondarari bis 1722; Anton Manuel von Vilhena bis 1736; Raymund Despuig bis 1741; Emanuel Pinto von Tonscole bis 1773; unter ihm verschworen sich 1000 muhamedanische Sclaven, von denen ein Theil an die Ruderbänke geschmiedet war, die anderen aber zu öffentlichen Arbeiten und Privatdiensten gebraucht wurden. Der Großmeister und die Ritter sollten ermordet, das Zeughaus und das Fort St. Elmo besetzt und die Ordensgaleeren in Beschlag genommen werden. Schon war der Peters-Paulstag des Jahres 1749 zur Ausführung dieses schwarzen Verbrechens ausersehen, als es am Tage vorher verrathen wurde. Sie wurden in der Stille verhaftet, und fast Alle, wie sie ihr Verbrechen eingestanden, sogleich gehangen. Der Jude, der die Sache verrathen hatte, erhielt als Belohnung ein schönes Haus nebst Zubehör und große Freiheiten für sich und seine Nachkommen.

Uebrigens war durch verschiedene glückliche Unternehmungen mehrere Jahre nachher der türkische Großherr so ergrimmt über den Orden, daß er seine endliche Vernichtung beschloß. Er machte die furchtbarsten Rüstungen und in der That stand Alles zu befürchten. Da übernahm Frankreich die Vermittelung und versöhnte den Sultan 1760. Seitdem waren die Kreuz- und Seezüge der Ritter gegen die Barbaresken meist nur noch bloße Spiegelfechtereien. Die Zahl der Ritter betrug damals wenigstens 3000. Zehn Jahr später bestand die Flotte des Ordens nur noch aus vier großen Galeeren und ebensoviel Galeotten, aus vier großen Kriegsschiffen von 60, und zwei Fregatten von 36 Kanonen und verschiedenen kleinern Fahrzeugen. Außerdem lag dem Großmeister die Bildung und das Wohl des Ordens sehr am Herzen. Er errichtete ein eigenes Erziehungshaus, eine Buchdruckerei, eine Akademie der Wissenschaften und eine Universität, auch beförderte er den Handel und die Anlage von Fabriken für seidene, wollene und baumwollene Stoffe. Diesem Großmeister folgte der siebenzigjährige Franz Ximenes von Texade, von 1773 bis 1775. Unter ihm brachen wieder viele Empörungen aus, die mit vielem Blute gestillt wurden; der Orden verfiel jetzt sichtbar. Da ergriff zum Glücke sein kräftiger Nachfolger, Emanuel Maria, Prinz von Rohan das schwankende Ruder mit Energie und Entschlossenheit. Er hob den Orden wieder zu hoher Macht und Blüthe. Zur Zeit der französischen Revolution wurden 1792 alle Ordensgüter in Frankreich als Nationaleigenthum mit Beschlag belegt, wogegen bei den dortigen Verfolgungen des Adels viele Ritter ihr Vaterland verließen und in Malta eine Zufluchtsstätte suchten; sie fanden die zuvorkommendste Aufnahme. Die letzte einfluß= reiche Handlung dieses Großmeisters war, daß der Kaiser Paul Ländereien in Rußland mit mindestens

44

300,000 Gulden Einnahme dem Orden übermachte und daß Rußland nun zu einem Groß-Priorate erhoben wurde. Dies geschah 1797.

Nun wurde Ferdinand, Freiherr v. Hompesch Großmeister. Unter allen siebenzig Großmeistern ist er der einzige der, von Geburt ein Deutscher, zu dieser hohen Würde gelangt, die mit ihm erlosch. Es ist bekannt, daß der General Bonaparte im Jahr 1798 mit einer Flotte und einem Heere nach Aegypten ging. Hiermit erschien er am 9. Juli vor Malta. Bonaparte bat, im Hafen frisches Wasser einnehmen zu dürfen. Die Verweigerung entschied Malta's Schicksal. Am andern Morgen waren die Franzosen auf allen Punkten der Insel gelandet und am 12. Juli hielt Napoleon seinen Einzug in La Va-lette. Der Großmeister war von Verräthern aller Art umgeben, darunter waren selbst Ritter, denen er sein Vertrauen geschenkt hatte, wie der Komthur Barbon-nenche, der Kommandant über die Artillerie, der Komthur de Fay, über die Festungswerke, Komthur Touzard, über das Geniecorps, vor allen aber der Prinz Camilla und Ritter Bosredon; sie hatten durch eine verrätherische Kapitulation die Insel über-geben ohne den Großmeister auch nur gefragt zu haben. So kam die Insel Malta, an der sich so oft der Sara-zenen Macht und Stolz gebrochen, die noch jetzt für uneinnehmbar gilt, ohne Kampf in die Hände der

Franzosen. Dabei sah sich der Großmeister von Hompesch noch mit der rücksichtslosesten Härte behandelt und mußte Zeuge sein, wie man allenthalben, und selbst in seinem Palaste die Wappen und Insignien des Ordens vernichtete. Man hatte ihm ein Jahrgeld von 300,000 Franken und 600,000 Franken für sein Silberzeug und Mobiliar und jedem Ritter ein Jahrgehalt von 800 — 1000 Franken versprochen. Er verließ am 18. Juni Malta, um sich nach Triest zu begeben. Hier widerrief er den ganzen Vertrag feierlich, als erzwungen, worauf sich Frankreich auch nicht mehr zur Zahlung der versprochenen Jahrgelder verpflichtet hielt, dadurch gerieth er in große Bedrängniß, so daß er sich nach Montpellier begab, um die ihm versprochene Pension einzufordern. Von den aufgelaufenen Rückständen von 2 Millionen Franken erhielt er kaum 15,000, und starb 1803 in der Dunkelheit und Vergessenheit.

Die andern Groß=Priorate waren mit der Handlungsweise des Großmeisters keinesweges einverstanden gewesen. So hatte der Fürst=Johanniter=Heermeister von der deutschen Zunge zu Heitersheim auf den einhelligen Ausspruch seiner Ritter verlangt: „der Großmeister von Hompesch solle sich wegen der Uebergabe von Malta rechtfertigen." Die russischen Groß=Priore hielten ein General=Kapitel zu Petersburg und wählten hier den Kaiser Paul von Rußland zum Großmeister,

welcher Wahl die meisten andern Groß-Priorate bei-
stimmten, nachdem Großmeister Hompesch feierlich
seiner Würde entsagt hatte. Allein mit dem Tode
Kaiser Pauls i. J. 1801 schwanden alle glänzenden
Aussichten des Ordens auf Restituirung. Hierauf
wurde 1802 einer der angesehensten Würdenträger
des Ordens, Prinz Bartolomäo Ruspoli und als
dieser 1805 abdankte, auch das deutsche Großpriorat
zu Heitersheim aufgehoben war, der italienische Graf
Thommasi und endlich der Bailli Caracciolo zum
Großmeister gewählt. Der Sitz des Ordens war seither
zu Catanea in Sizilien und wurde 1826 mit Erlaubniß
des Papstes nach Ferrara verlegt.

Der alte ehrwürdige Johanniter-Orden ist demnach
als aufgelöst zu betrachten, denn auch der König von
Preußen Friedrich Wilhelm III. hob im Jahre 1810
die Ballei und das Heermeisterthum Brandenburg auf
und zog sämmtliche Güter als Staatseigenthum ein.
Dagegen stiftete der König unterm 23. Mai 1812
einen neuen Johanniter-Orden „zum ehrenvollen Andenken der aufgehobenen Ballei Brandenburg des alten
Ordens vom heil. Johann von Jerusalem." Der König
selbst, als Beschützer des Ordens, ernennt die Mitglieder
des Ordens, welche nur Eine Klasse ausmachen und
unbestimmter Anzahl sind. Für keinen Stand, noch
gewisses Verdienst ausschließlich bestimmt, wird er als
Zeichen für ehrenvolle Dienstleistung oder königlicher

Gnade vergeben. Der Adel ist Hauptbedingung, doch wird keine Ahnenprobe mehr verlangt.

Das Ordenskreuz ist bis auf die große Königskrone darüber ganz das alte Johanniterkreuz, golden, achteckig und weiß emaillirt. In den vier Theilen sind schwarze preußische Adler mit Kronen und ausgebreiteten Flügeln. Es wird an einem schwarzen Bande um den Hals getragen und dabei auf der linken Seite des Kleides dasselbe Kreuz, schlicht und ohne die Adler, meist von weißem Zeuge oder von Seide gestickt, der Großmeister trägt beides größer. Zugleich haben alle Mitglieder das Recht, eine Scharlach-Uniform mit weißem Kragen und Aufschlägen, goldenen Litzen, weißem Futter, weißen Unterkleidern und goldenen Achselbändern, worauf das einfache weiße Ordenskreuz liegt, nebst gelben Knöpfen und dem weißen achteckigen Kreuze auf der linken Brust zu tragen.

Alle bis zur Auflösung der Ballei Brandenburg wirklich eingekleideten Malteser-Ritter wurden gleich bei der Stiftung dieses neuen Ordens zu Mitgliedern desselben ernannt und behielten ihr Ordenskreuz, wie es gewesen.

7. Von der innern Verfassung des Johanniter-Ordens.

Was wir von der innern Verfassung, den Statuten und Einrichtungen des Ordens im Verfolge der Geschichte desselben an den betreffenden Stellen gesagt haben, fassen wir mit den nothwendigsten vollständigen Ergänzungen nach dem Ergebnisse des letzten General-Kapitels im Jahre 1776 zusammen. Es ist im Jahre 1783 auf 162 Folioseiten gedruckt und führt den Titel: Compendio delle materie contenate nel codice del S. mil. ordine Gerusalimitano. Sein Hauptinhalt ist folgender: Der Orden nennt sich die heilige Religion und seinen Sitz Convent. So wie sich der ganze Orden in acht Nationen oder Zungen theilt, deren Oberhäupter Pfeiler, Pilieri heißen, so gehört jeder Bruder zu einer bestimmten Zunge und zu einem bestimmten Groß-Priorate. Die Zungen werden nämlich in Priorate und National-Distrikte, und diese wieder in Balleien oder Kommenden eingetheilt. Die Priore berufen ihre Untergebenen ein halbes Jahr nach dem General-Kapitel zu den Provinzial-Versammlungen. Alle fünf Jahre soll der Prior seine Kommenden visitiren. Jedes Priorat hat innerhalb seiner Grenzen einen Ritter zum Generaleinnehmer, der vom Großmeister alle drei Jahre ernannt wird. Ueber die Angelegenheiten ihrer Priorate, Kommenden und Ordensglieder berathschlagte jede Zunge mit Genehmigung des Großmeisters in ihrer Albergia zu Malta. Jedes anwesende Mitglied hat in der Versammlung, deren Vorsteher der Piliẹri ist, Sitz und Stimme, doch muß es drei Jahre in Malta Residenz — Aufenthalt — gemacht haben. Alle Geschäfte werden von einem „ordentlichen Rathe," Consiglio ordinario, abgethan; dieser besteht aus dem Großmeister, dem Bischofe von Malta, den acht Conventual=Bailli's, den Groß=Prioren, dem Schatzmeister und Seneschall.

Die gesetzgebende Gewalt ruht auf dem General=Kapitel. Die Ritter holen am Morgen der Eröffnung desselben den Großmeister aus seinem Palaste ab und begleiten ihn im feierlichen, wahrhaft fürstlichen Aufzuge nach der Ordenskirche; nach beendigtem Hochamte begeben sich Alle nach dem Palaste in den großen Rathssaal; der Großmeister und die Conventmitglieder im Ordensmantel; ersterer unter einem Thronbalbachin, vierundzwanzig Ritter mit gezogenen Schwerdtern stehen ihm zur Seite, vor ihm am Fuße des Thrones liegt die große Ordensfahne und die Flaggen der Kriegsschiffe. Die Dauer eines Kapitels ist auf vierzehn gerichtsfähige Tage anberaumt. Solcher gesetzgebenden Versammlungen hat es während des 700jährigen Bestehens des Ordens etwa 60 gegeben.

Die Einkünfte und Ausgaben verwaltete das Schatz=amt, dessen Präsident der Groß=Komthur war, und dem zwei Großkreuze zur Assistenz beigegeben wurden. Wo sich der Großmeister, die Hauptkirche, das Hospital und die Albergia befindet, da ist der Convent, den kein Ritter ohne Erlaubniß des Großmeisters verlassen darf. Der Aufenthalt (Residenz) darin ist zur Erlangung eines Kommando oder Würde nothwendig. Ebenso muß Jeder, der befördert sein will, zwei Karavanen, d. i. Aufenthalt von 6 Monaten auf der Galeere, gemacht und wenigstens einmal in seinem Leben gegen die Sarazenen zu Felde ziehen.

Außer dem gewöhnlichen schwarzen Gewande und dem rothen Oberkleid während des Krieges hatten sie noch ein schwarzseidenes Kleid als Feierkleid; dieß diente auch als Sterbekleid. Zur Aufnahme in den Orden waren volle sechzehn Jahre nöthig, zum Antritt der Karavane achtzehn.

Der Orden hatte auch Schwestern, d. h. Hospitaliterinen, besonders in Spanien und Italien, die mit derselben Regel in Klöstern wohnten. Eheliche Geburt, adelige Herkunft und Vermögen waren die Hauptbedingungen ihrer Aufnahme, welche von den Prioren ausgeübt wurde.

Der Großmeister war das gebietende Haupt des Ordens, in welchem sich die höchste Würde und Macht vereinigte und der in dem Range der europäischen

Staaten zwischen den Königen und den Republiken seine Stelle einnahm. Sein Titel war: „Altezza eminentissima," „Ew. Durchlaucht." In Urkunden führt er den Titel: „Bruder, von Gottes Gnaden des heiligen Hospitals zu St. Johann von Jerusalem, des militairischen Ordens vom heiligen Grabe und des heiligen Antonius von Vienne geringer Meister und Hüter der Armee Christi*)." Sein Wappen war ein silbernes, achteckiges Schild im rothen Felde, aber mit einer Herzogskrone, aus der ein Rosenkranz um das Wappenschild ging mit einem daran hängenden kleinen Kreuze und den Worten: „Pro fide," für den Glauben; das Geld in Malta wurde mit dem Gepräge des Ordens und dem Familienwappen des jedesmaligen Heermeisters geprägt, die Urkunden in seinem Namen ausgefertigt und mit schwarzem Wachse gesiegelt mit dem Bilde des Meisters. Ihm stand das Begnadigungsrecht zu, er verlieh alle Beneficien und Pensionen und bestätigte alle Balliven und Prioren.

Mit diesen Vorrechten genoß der Großmeister ein sehr bedeutendes Einkommen. Er bezog die Einkünfte der Inseln Malta, Gozzo, aus dem Schatzamte 6000 Rthlr. Tafel- und 2000 Rthlr. Baugelder, die Zoll- und

---

*) Lateinisch: »Frater ... dei gratia sacrae domus hospitalis Sancte Johannis Hierosolymitano, militaris ordinis sancti sepulchri dominici et ordinis S. Antonii Viennensis Magister humilis pauperumque Jesu Christi custos.«

Mauthgefälle, den zehnten Theil der Beute-, Strand-
und sämmtliche Lösegelder der Gefangenen. Außerdem
besaß der Großmeister in jedem der 21 Ordenspriorate
eine Komthurei, die er an einen Komthur verpachtete,
oder durch einen solchen verwalten ließ; die deutsche
hieß Buch — Buces. — Im Ganzen schlägt man das
Einkommen auf 80 bis 100,000 Rthlr. an, wofür er
aber natürlich viele Gegenleistungen hatte.

Die andern Großwürdenträger, jeder aus
einer Zunge, sind schon früher erwähnt worden; es
genügt deshalb eine kurze Zusammenstellung:

1. der Großkomthur (aus der Provence) war
   gleichsam der Finanzminister oder Präsident der
   Schatzkammer;

2. der Großmarschall (aus Auvergne), Kriegsminister und Kommandeur der Landtruppen;

3. der Hospitaliter (von Frankreich), Ober-
   Aufseher aller Wohlthätigkeits-Anstalten;

4. der Admiral (für Italien), Befehlshaber der
   ganzen Seemacht;

5. der Gran-Conservator oder Drazier (für
   Aragonien nebst Katalonien und Navarra) gleich-
   sam der Minister des Innern; sein Titel war:
   „Kastellan d'Empofta;"

6. der Torkopolier (von England), General der
   Reiterei;

7. der **Großballei** (aus Deutschland), Ober-
   Aufseher sämmtlicher Festungswerke;

8. der **Großkanzler** (Kastilien), Minister der
   auswärtigen Angelegenheiten.

Die Großschatzmeisterwürde ruhete auf dem jedesmaligen Bailli von Corbeil, jedoch ernannte jede Zunge einen Ritter als Beisitzer. Der Großkomthur war immerwährender Präsident. Den Secretair und den rechtskundigen Anwalt zu diesem Amte wählte der Großmeister. Der Wardein, ein Ritter, hatte die Aufsicht über die Gold- und Silbergeräthe, die Diamanten und Kleinodien des Ordens, welche neben dem großmeisterlichen Palaste aufbewahrt wurden. Die kleinern Aemter, als Köche, Kellner, Gärtner, Jäger, wurden meist von dienenden Brüdern verwaltet und gehörten zum Hauspersonale des Großmeisters.

8. Von den Prioraten, Balleien und Komthureien.

Jede Zunge oder Nation wurde zunächst in Priorate, in Balleien, und endlich wieder in Komthureien oder Kommenden eingetheilt:

1. die Zunge der Provence umfaßte zwei Groß-
   Priorate:

a) St. Giles mit 54 und

b) Toulouse mit 35 Kommenden;

2. die Zunge von Auvergne aus

   a) dem Großpriorate von Auvergne mit 40 und

   b) der Ballei von Lyon mit 8 Komthureien;

3. die Zunge von Frankreich bestand aus 3 Großprioraten und 1 Ballei, nämlich

   a) von Frankreich mit 45,

   b) von Aquitanien mit 65,

   c) von Champagne mit 24 Kommenden;

   d) die Ballei Morea, deren Residenz zu Paris an St. Jean von Laterne gewiesen war;

4. die Zunge von Italien umfaßte:

   a) 1 Großpriorat von Rom,

   b) 6 Priorate, nämlich

      1. der Lombardei mit 19,

      2. von Venedig mit 45,

      3. von Borletta mit 27,

      4. von Kapua mit 25,

      5. von Messina mit 12,

      6. von Pisa mit 26 Kommenden;

   c) 4 Balleien:

      1. von St. Euphemie,

      2. von St. Stephan,

      3. von der heiligen Dreieinigkeit von Venouse und

4. zu Neapel;

5. die Zunge von Aragonien besaß:

   a) das Großpriorat von Aragonien mit 29 Komthureien,

   b) 2 Priorate:

      1. Katalonien mit 28,

      2. Navarra mit 17 Rittern;

   c) die Ballei Majorka,

6. die Zunge von England, Baiern hatte

   a) 1 Großpriorat, Ebersberg, und

   b) die Ballei Neuburg mit 30 Komthureien.

Die englische Zunge ist mit der Reformation erloschen, sie hatte 2 Priorate, das von London und Irland und mit der Ballei Aigle 32 Kommenden; an deren Stelle trat 1782 die Baiersche. Die 3 französischen gingen während der Revolution ein; die spanischen waren seit dem Frieden von Amiens davon getrennt; ebenso hatte die italienische durch die neuesten Ereignisse aufgehört. Von der deutschen Zunge werden wir noch besonders reden.

7. die Zunge von Deutschland:

   a) das deutsche Großpriorat mit 26 Ritterkommenden,

   b) das böhmische Großpriorat mit 7 Priesterkommenden,

   c) die Ballei St. Joseph in Daschitz mit 19 Ritter- und 4 Priesterkommenden,

   d) das Priorat in Ungarn und

   e) das Priorat von Dacien, beide letztere
      waren Würden ohne Land,

   f) die Ballei Brandenburg oder das Heer=
      meisterthum Sonnenburg mit 6 Ordens=
      ämtern und 10 Komthureien,

8. die Zunge von Kastilien hatte 3 Priorate:

   a) Kastilien,

   b) Leon,

   c) Portugal mit 27 Kommenden,

   d) die Ballei Bovedo mit 31 Kommenden.

Dieses waren zusammen 11 Großpriorate, 13 Priorate,
11 Balleien und 647 Komthureien. Hierzu kamen
noch im Jahre 1780 das Großpriorat Ostroy in
Polen mit 8 ordentlichen und 8 Patronatkommenden.

9. Das deutsche Johannitermeisterthum.

Das Groß=Priorat von Deutschland, die
deutsche Zunge, wurde von dem Groß=Prior
von Deutschland, der auch Johanniter=Meister
durch Deutschland oder oberster Meister des rit=
terlichen St. Johanniter=Ordens in deutschen
Landen hieß, verwaltet. Diese Würde war gegründet
um 1250 und der Groß=Prior, Georg von Schil=
ling, war durch Kaiser Karl V. im Jahre 1548

deutscher Reichsfürst und hatte auf den Reichstagen unter den Fürsten zwischen Ellwangen und Berchtolds= gaden Sitz und Stimme. Das Johanniterthum gehörte mit allen Kommenden zu dem oberrheinischen Kreise, in welchem der Johanniter = Ordensmeister gleichfalls Sitz und Stimme hatte. Seine Residenz war das freundliche Städtchen Heitersheim im badenschen Breisgau, welches der Orden von dem Freiherrn von Stauffen hatte, und wo sich auch die Regierung und das Archiv befand. Der Johanniter = Meister ward deshalb auch gemeinlich der Fürst von Heitersheim genannt. Er wurde nicht gewählt, sondern diese Würde ging nach dem Tode des Ordensmeisters jedesmal auf den ältesten Ritter des deutschen Groß=Priorats über, wenn dieser die dem Orden schuldigen Pflichten erfüllt hatte. Der Johanniter=Meister stand unter dem Groß= meister zu Malta, dem er alle Jahre gewisse Türken= steuer lieferte, die man auf 170,000 Fl. berechnete. Er selbst besaß die Gerichtsbarkeit über das Heermeister= thum Brandenburg, über Ungarn und Böhmen. In Kriegszeiten oder je nach Bedürfniß des Ordens konnten die Beiträge oder Responsionsgelder natürlich noch er= höhet werden. So sehr auch der Orden durch Bona= partes Gewalthandlung in Malta einen tödtlichen Streich erhalten hatte, so schien dennoch dem letzten Groß=Prior von Deutschland, deren es im Ganzen 46 gegeben hat, Ignaz Balthasar, Freiherr von

Rink zu Baldenstein (erwählt am 12. Dezember 1796, gestorben in Heitersheim am 30. Juni 1807) sogar eine Vergrößerung seines Gebietes zugedacht gewesen zu sein, da der letzte Reichsdeputations-Beschluß vom Jahre 1802 ihn unter die Zahl der durch den Verlust an Einkommen auf dem linken Rheinufer zu entschädigenden Fürsten aufnahm und ihm aus dieser Ursache die sämmtlichen Klöster im Breisgau überwies.

Allein der Herzog von Modena, als damaliger Herr der Landgrafschaft Breisgau, widersetzte sich dieser Zuweisung, weil sie nach seiner Ansicht unvereinbar sei mit den Bedingungen, unter welchen ihm die Landgrafschaft Breisgau angewiesen worden. Als endlich durch den Preßburger Frieden zwischen Frankreich und Oestreich am Ende des Jahres 1805 der Breisgau an Baden überging, setzte dieses denselben Widerspruch fort. Die Rheinbundsakte vom Jahre 1806 entschied hierauf den Rechtsstreit dahin, daß das Fürstenthum Heitersheim dem Groß-Priorate entzogen und dem Großherzogthum Baden, unter dessen breisgauischer Hoheit es schon zuvor lag, nur als Staatsdomaine gegen angemessene Pensionirung des Fürsten Groß-Priors auf alle Zeiten zuerkannt wurde.

Das deutsche Großpriorat erhielt in Ober- und Niederdeutschland 67 Komthureien, nämlich:

1. Kameralhäuser zu Neuenburg und Steiner-

ſtadt, Freiburg und Wendlingen, Haimbach und Musbach, Kenzingen und Bubigh.

2. **Ritterkommenden:** zu Arnheim und Nimwegen, Basel und Rheinfelden, Basel und Arlesheim, Bruchſal und Kronweißenburg, Frankfurt und Mosbach, Haſſelt, Hemmendorf und Keringen, Herrenſtrunden, Hahnrein und Weiden, Kleinnördlingen, Sagan und Herford, Leuggern, Klingnau, Brugg, Mainz und Niederweſel, Münſter und Steinfurt, Nordorf und Deltingen, Rothenburg und Reinhardsroth, Rothweil, Schleuſingen und Weißenſee, Schwäbiſch-Hall und Affeltrach, Sulz, Colmar, Mühlhauſen und Frieſenheim, Tobell, Trier, Adenau, Häringen und Breiſach, Ueberlingen, Billingen, Weſel und Borken, Würzburg.

3. **Prieſterkommenden:** zu Aachen, Mecheln, Küringen und Niedecken, Freiburg in der Schweiz, Regensburg und Altmühlmünſter, Sobernheim, Haagen, Weißenroth und Kronenburg, Straßburg, Schlettſtadt, Worms und Köln.

Das böhmiſche Großpriorat hatte im Weſentlichen dieſelbe Verfaſſung und Einrichtung wie das deutſche. Die Reſidenz des Großpriors, die Kanzlei und das Archiv waren in Prag. In den frühern Zeiten konnten die böhmiſchen Kommenden ſowohl deutſchen als böhmiſchen Rittern ertheilt werden, aber ſeit der Mitte des vorigen Jahrhunderts haben nur geborne Böhmen, Schlesier, Oesterreicher und Tyroler Anspruch darauf.

Dieses Priorat enthielt:

1. das Großpriorat selbst,

2. die Ballei St. Joseph in Doschütz,

3. die Ritterkommenden: Breslau, Brünn und Karlowitz, Fürstenfeld und Melling, Goldberg und Löwenberg, Großlinz, Gröbeich, Kleinöls, Lössen, Maidelberg, Mailberg und Strohheim, St. Michael, Miecheluph, die Familienkommende Opitz, St. Peter in Kärnthen, Reichenbach, die Familienkommende Sinzendorf, Striegau, Troppau, Wien;

4. die Priesterkommenden: Haillenstein, Ebenfurt, Pulst und Prag mit einem infulirten Abt.

Die beiden Priorate von Ungarn und Dacien waren, wie wir schon angegeben haben, Würden ohne Territorialgebiet, und es bleibt uns nur noch die Ballei Brandenburg übrig, der wir unsere ganz besondere Beachtung widmen.

10. Die Ballei Brandenburg oder das Heermeisterthum Sonnenburg.

Es war im Jahre 1158, also mehr als ein volles Jahrhundert nach der Gründung des St. Johanniter-Ordens im heil. Lande, als ein edler deutscher Fürst, der erste eigentliche Markgraf von Brandenburg, Albrecht der Bär, nachdem er kurz vorher von der Altmark aus mit seinen Grenznachbarn, dem Erzbischofe von Magdeburg und dem Bischofe von Halberstadt die feste Stadt Brandenburg nebst der Priegnitz erobert hatte und vom Kaiser mit der Markgrafschaft Brandenburg belehnt worden war, mit seiner Gemahlin, dem Bischofe von Halberstadt und vielen deutschen Rittern eine Wallfahrt nach dem heil. Lande antrat, um dort an gottgeweiheter Stätte dem Allerhöchsten seinen Dank für den eben errungenen wichtigen Sieg und Erwerb auszusprechen. Nach Verlauf eines Jahres kehrte er ohne weitere besondre Ereignisse glücklich in die Heimath zurück.

Dennoch hatte diese Pilgerfahrt für das Land bedeutende Folgen. Es hatte nicht fehlen können, daß der edle Markgraf in Palästina mit den Rittern des Johanniter-Ordens in nähere Berührung gekommen war und daß er sowohl ihre ritterliche Tapferkeit, wie auch ihre thätige Menschenfreundlichkeit kennen und achten gelernt hatte. Ja mehrere Ritter seines Gefolges waren dort in den Orden eingetreten.

Schon hatte derselbe nach Verlaufe eines Jahrhunderts im westlichen Deutschland mancherlei Besitzungen erworben und gleich nach seiner Rückkehr in die Mark, nämlich schon 1160 nahm Markgraf Albrecht der Bär Veranlassung, dem Johanniter-Orden in dem Städtchen Werben an der Elbe eine Kirche nebst sechs Hufen Ackers, holländisches Maaß, in der fruchtbaren Niederung, die W-ische genannt, die der Orden bis auf die neuesten Zeiten besessen hat, zu schenken, nebst dem gesammten Zehnten auf dem Stadtfelde, und ihm auch daselbst ein Hospital — Xenodochium — zu erbauen.

Werben war seit uralter Zeit, vielleicht schon seit Karl dem Großen her, eine wichtige Grenzfeste in den Jahrhunderte langen Kämpfen der Sachsen und Wenden an der Elblinie. Sie hat vielfache Angriffe und Ueberfälle von den Wenden erlitten, ist auch von denselben mehrmals erobert und zerstört worden. So mußte Kaiser Heinrich III. die Feste 1050 ganz neu wieder aufbauen. Zur Zeit der erwähnten Schenkung (im Jahre 1160) hatte Markgraf Albrecht der Bär die Wenden in der Priegnitz zwar besiegt und seiner Herrschaft zum zweiten Male unterworfen, aber so ganz zuverlässig war dieser Gehorsam dennoch nicht;

dazu waren die Wenden im heutigen Mecklenburg fast noch ganz unbezwungen. Hatte der Markgraf nun die Ueberzeugung, daß die tapfern und frommen Ritter ihr Eigenthum wohl zu beschützen wissen werden, so war diese Schenkung sowohl ein Akt der Staatsklugheit als der frommen Richtung, ein Verhältniß, welches uns fast immer bei der weitern Ausbreitung des Ordens begegnet. Mit der Komthurei oder Kommende Werben war demnach der erste Grund zu der nachher so berühmt gewordenen Ballei Brandenburg oder dem Heermeisterthum Sonnenburg gelegt, doch sind uns die ersten Komthure unbekannt, oder es waren noch gar keine vorhanden.

Nach einiger Zeit erhielt der Orden noch einige kleine Güter in dieser Gegend und hatte unter andern auch das Patronat und die sogenannte Oberpacht in dem Dorfe Blumenthal in der Priegnitz. Hierüber entstand ein Streit zwischen Rüthger von Blumenthal und dem damaligen Komthur Dietrich von Wanzleben, der 1200 durch schiedsrichterlichen Ausspruch der Rathleute zu Werben ganz zu Gunsten des Ordens entschieden wurde.

Albrecht der Bär und seine nächsten Nachfolger bedurften des Beistandes der kriegerischen Ritter vorläufig zur Unterwerfung und Behauptung des Landes zwischen der Elbe und Oder nicht, erst als sie die Ober-

Linie überschritten und mit den mächtigen polnischen, schlesischen und pommerschen Fürsten in feindselige Berührung kamen, finden wir wieder Schenkungen bedeutender, namentlicher streitiger Grenzdistrikte. Gleich aber nach der Gründung der werbenschen Komthurei finden wir die mecklenburgischen Fürsten in der schon früher angedeuteten Lage. Daher erhielt der Orden schon 1200 von den Grafen Gunzelin und Heinrich von Schwerin das Dorf Godin und die Einkünfte der Kirche zu Eckelen und 1217 mit Bewilligung ihres Vetters, des Grafen Niklas von Holland das Gut Zülow, welche der Komthurei Werben zugelegt wurden. Damals war ein gewisser Heinrich Prokurator des Johanniter-Ordens und Jakob Pfarrer der Johanniskirche. Ebenderselbe Graf Heinrich von Schwerin soll im Jahre 1227 das bei Zülow gelegene Dorf Güldendorf dem Orden theils geschenkt, theils für dreißig Mark verkauft haben. Noch in demselben Jahre wiederholten die Fürsten Johann, Niklas und Pribislaw von Mecklenburg und Werben die Schenkung von 60 Hufen Ackers im Lande Turne, die ihr Vater, Fürst Heinrich Burewin, den Johannitern bereits gemacht hatte, und fügte in diesem Lande noch Burg und Dorf Mirow mit 60 Hufen hinzu mit dem Mirowschen und Dammeschen See und einem den erstern durchfließenden Bache, welche Schenkung die Markgrafen Johann und Otto III.

beſtätigten, indem ſie die Mecklenburger Fürſten als ihre Vaſallen bezeichneten.

Im Jahre 1242 war zu Mirow bereits eine Johanniter = Komthurei, deren Güter gleich nach dieſer Zeit durch einige in der Nähe des Orts gelegene Ländereien vom Fürſten Niklas von Roſtock vermehrt wurden. Dazu befreiete eben dieſer Fürſt 1242 dieſe Johanniter = Güter von allen landes= herrlichen Dienſten und Abgaben. In eben demſelben Jahre 1227 gab Graf Heinrich von Schwerin dem Orden noch das Dorf Morätz, ſo daß nun dieſe Güter aus dem Dorfe Zülensdorf, wo eine Komthurei geweſen zu ſein ſcheint, Morätz, Zübena, Jamin, Man= zin, Strenitz, Royätz und Bornick beſtanden.

Darnach erhielt die Komthurei Werben im Jahre 1236 vom Grafen Heinrich von Lüchow noch eine Beſitzung von vier Hufen in dem (nicht mehr vor= handenen) Dorfe Wonem, und um die Mitte des Jahr= hunderts, zu der Zeit, als Caeſarius Komthur und Heinrich Orden#prieſter war, von den Edlen Albert von Rähsdorf und Hampo von Plaue mehrere Hebungen von Geld= und Korneinnahmen theils gleich, theils angewieſen, wogegen die Johanniter=Geiſtlichkeit nach Manegolds, des damaligen Vice=Priors des Or= dens in dieſem Theile von Deutſchland, im Jahre 1251 erfolgten Beſtätigung, den Edlen die Sorge für das Heil ihrer Seele zuſicherte. 1265 erhielt die Kom=

thurei Werben unter dem Winrich einen Hof zu Neuenkirchen, der nach der Kirche zu Werben und unter der Gerichtsbarkeit des Magistrats stand, dem der Orden auch das Patronatrecht überlassen.

Gleichzeitig finden wir das Johanniter-Ordens-Präceptorat oder Heermeisterthum schon im vollen Flor und als einen wichtigen Prälatenstand in der Mark Brandenburg. Schon 1245 wird in einer Urkunde des Herzogs Barnim I. des Präceptors des Ordens in den Ländern Sachsen (Niedersachsen), Mark und Pommern, Hermanns van Warburg, gedacht; es ist im Vergleich des Herzogs mit diesem Heermeister wegen Bahn, welches 1234 den Tempelrittern geschenkt war und 1244 an die Johanniter-Ritter kam, wahrscheinlich durch Tausch. In diesem Lande Bahnen legten die Ritter in Folge dessen die Komthurei Wildenbruch an. Eben dieselbe pommersche Vergleichsurkunde nennt auch schon den Johanniter-Bruder Johann von Neuendorf, einen Komthur zu Zachan und Gerhard von Eltz, Komthur zu Röhricke; die Zeit und die Art der Erwerbung sind jedoch unbekannt. Wahrscheinlich entstanden um diese Zeit auch die Komthureien zu Braunschweig (Supplingenburg) und Gartow, welche nachmals so reiche Komthure hatten, daß sie die Komthurei Nemerow im Mecklenburg-Stargardschen errichten konnten. Im Jahre 1298 trug diese Güter von Ne-

merow, nämlich das von deutschen Kolonisten ange=
legte Dorf Groß= und Klein=Remerow, wo bisher
Wenden gewohnt hatten, und die Burg Remerow,
Ritter Hermann von Warburg zu Lehen, der sie
dem Johanniter=Ritter Ullrich Schwarz für 630
Mark verkaufte, wozu der Markgraf seine Einwilligung
gab, indem er zugleich auf seine Rechte daran verzichtete,
wegen der guten Dienste, die Ullrich Schwarz ihm,
da derselbe noch Laie war, als Secretarius geleistet,
jedoch mit der Bedingung, das dieser auf Lebenszeit
Vorsteher der Komthurei sein sollte.

Wir sind nun bereits zu dem Zeitpunkte gekommen,
in welchem die brandenburgischen Fürsten zur Ober=
linie vordrangen, diese in der Mitte des dreizehnten
Jahrhunderts überschritten und nun ein langjähriger
Krieg zwischen den brandenburgischen, pommerschen und
polnischen Fürsten an beiden Seiten der Warthe begann,
aus welchem die erstern als Sieger hervorgingen und
sämmtliche neumärkische Kreise und das ganze Land
Sternberg eroberten. Das pommersche Gebiet erstreckte
sich Anfangs bis an die Warthe und hier namentlich
war es, wo die Tempelritter neben den Johannitern
empor kamen. 1234 schenkte Herzog Wladyslaw
von Polen den Templern 1000 wüste (d. i. noch un=
bebauete) Hufen in der Gegend von Quartschen und
Küstrin am Mietzelflusse, wovon ihnen auch der Bischof
von Lebus sogleich den ihm zustehenden Bischofszehnten

erließ. Zwei Jahre später beeilte sich der Herzog Barnim von Pommern, ihnen nicht allein diese in seinem Lande Chinz belegene Schenkung zu bestätigen, sondern er fügte noch vierhundert Hufen mit dem Dorfe Dargumitz (Darmiezel) in territorio Chastri de Chinz juxta flumen Mitzla in confinio Castri Sden juxta rivulum Rurcam und den ganzen südlichen Theil des jetzigen Soldiner Kreises hinzu, wo nun die Templer die Stadt Soldin anlegten. Beide Fürsten wollten lieber das unsichere Gebiet in den Händen der Ritter, als ihrer Gegner sehen. 1244 errichteten die Templer die Komthurei Rahhausen bei Königsberg in der Neumark. Schon hatten die Tempelherren in der Neumark eine Ballei oder Präceptorat und schon wird 1241 Gerhard, Präceptor oder Meister des Ordens der Templer in der Mark und den wendischen Landen, genannt.

Gleichzeitig faßten die Templer auch im Lande Sternberg festen Fuß; 1241 hatte der Bischof von Lebus einem Grafen Mrochco, der später Kastellan in Krossen und nachher Palatin in Oppeln war, erlaubt, die Gegend von Sulench mit deutschen Kolonisten zu besetzen. Er gründete die Stadt Zielenzig und sieben deutsche Dörfer. Dieses sein Erbgut schenkte der Graf Mrochco drei Jahre später dem Tempelorden, nachdem er bereits 1241 hundert Hufen Landes in der Nähe der alten Kastellaneiburg Schiedlow an der Oder vom Lebußischen

Bischofe erhalten hatte. Der Besitz dieses Landstriches war anfänglich sehr unsicher, denn noch 1268 zerstörten die Polen die bei Zielenzig vom Markgrafen Otto mit dem Pfeile erbauete Grenzburg und plünderten die umliegende Gegend bis über die Oder hinaus; als aber Markgraf Otto der Kleine selbst in den Tempelorden eingetreten war: so bestätigte sein Bruder demselben in der Komthurei Quartschen im Jahre 1286 den Besitz von Zielenzig nebst Zubehör, welches nun bis zu seiner Auflösung demselben verblieb. Markgraf Otto soll nachher Ordenspräceptor geworden sein und in der Komthurei Templin residirt haben. Ferner gehörten dem Tempelorden im jetzigen Lebuser Kreise 300 Hufen an der Lezeniz mit der Zehntenerhebnng, wo im Jahre 1244 die Dörfer Lesnitz mit einer Kapelle (die nachherige Komthurei Lietzen), Heinersdorf, Tempelberg, Marxdorf und Werbig vorhanden waren.

Nach dem Zwecke dieser Blätter haben wir nur von den dicht an der Oder belegenen Gütern der Templer geredet; ihre Erwerbungen schon in diesem kleinen Gebietstheile waren außerordentlich und weit hatten sie in dieser Hinsicht die Johanniter überflügelt. In demselben Maaße, in vielen Ländern, z. B. in Frankreich, in noch weit größerem Maaße, hatten sich die Besitzungen und die darauf gegründete Macht der Templer in ganz Europa vermehrt, damit aber auch, im Gefühle ihrer Kraft, ihr Stolz, ihr Uebermuth, ihr Ungehorsam gegen den Staat, und auf der andern Seite die Furcht und der Haß der Fürsten gegen den Orden.

Von dem tragischen Untergange des Tempelordens haben wir bereits geredet; wir haben gleichfalls bereits erwähnt, daß der Johanniter-Orden dadurch unermeßlich gewinnen mußte, einmal, weil er dadurch seinen gefährlichsten Nebenbuhler los wurde, und dann, weil ein großer Theil der Tempelherren-Güter laut päpstlicher Bestimmung an den Johanniter-Orden übergehen sollte. 1312.

Wir verfolgen hier nur die Thatsachen der Ausführung dieses Befehls in so weit, als er die Ballei Brandenburg angeht. In der Mark regierte damals der große Markgraf Waldemar, und dieser hatte wohl nicht übel Lust, die herrlichen in seinen Landen gelegenen Tempelordens-Güter als Staatseigenthum einzuziehen und zu behalten. Er nahm sie sogleich in Beschlag, so bald der Papst die Auflösung des Ordens 1308 ausgesprochen hatte und behielt sie zehn Jahre lang bis zum Jahre 1318, ohngeachtet der späteren päpstlichen Bestimmung.

Aber im December des Jahres 1317 hatten der Johanniter-Heermeister und die Komthure des Ordens zu Frankfurt am Main eine Versammlung gehalten, in welcher der Komthur von Erfurt, Paul von Mutina, von der Versammlung, und namentlich vom Ordensvisitator Leonhard von Tibertis bevoll-

mächtigt wurde, in allen deutschen Provinzen zu unter=
suchen, in wie weit die Häuser, Kirchen, Orte, Besitzun=
gen, Jurisdictionen, Einkünfte, Rechte, bewegliche und
unbewegliche Güter des ehemaligen Tempelordens den
Johannitern übergeben seien, und in welchem Zustande
sie sich befänden, und sie nöthigen Falls zu requiriren, mit
der unbeschränkten Vollmacht, die so erhaltenen Güter
nach seinem Gutbefinden verwalten zu lassen, Prokura=
toren anzunehmen, Quittungen auszustellen u. s. w.
In Folge dieser Vollmacht kam Paul von Mutina
auch in die Mark und knüpfte mit Markgraf Walde=
m a r. Unterhandlungen an, worauf unterm 23. Januar
1318 wirklich zu Kremmen ein Vergleich zu Stande
kam, dessen Haupt=Bedingungen etwa folgende
waren:

1. Markgraf Waldemar nimmt den Orden mit
   allen dazu gehörigen Leuten in seinen besondern
   Schutz und die Ritter sollen betrachtet werden
   als seine eigenen, so wie auch die Diener des
   Ordens, sowohl innerhalb als außerhalb der
   Mark, wo er Bot= und Heerschaft hat, wie in
   dem Herzogthum Stettin, der Fürsten von Wenden
   und Mecklenburg und allenthalben, wo er durch
   Liebe oder Furcht Einfluß hat.

2. Der Orden und die Brüder sollen mit den Gütern
   und Rechten, wie sie beide Orden, des Tempels
   und des Hospitals hatten, in aller Freiheit blei=

ben, wie sie vom heil. Stuhle und anderweitig begnadigt sind.

3. In allen Streitsachen, welche die Personen oder Güter des Ordens, auch solcher, die von den Templern herrühren, betreffen, ist der Markgraf Richter des Unrechts, sowohl für frühere, als künftige Vergehen, oder er soll ihnen Richter einsetzen, denen sie ihre Noth klagen können. Die Bischöfe bittet er und gebietet ihnen, so weit er dazu berechtigt ist, daß sie gerecht richten über Pfaffen und Laien nach des Papstes Gebot.

4. Dagegen verspricht der Bruder Paul von Mutina im Namen des Ordens, Kraft seiner Vollmacht und mit Rath und Genehmigung seiner Brüder, der Komthure Ullrichs des Schwans zu Garbelegen und Nemerow, Gebharts von Bortfeld zu Braunschweig und Goslar, und Bruder Georgius von Kerkow zu Zachan dem Markgrafen zu zahlen mit gutem Willen 1250 Mark Brandenburgisches Silber und setzt als Pfand dafür ein die Stadt Zielenzig mit den Dörfern Langefeld, Bresen, Rychenow, Buchholt und Laubow, welche Markgraf Otto an den Orden gebracht, mit allen Nutzungen und Rechten, die der Tempel-Orden daran hatte, ausgenommen der Ordenshof in der Stadt Zielenzig mit Zubehör. Diese Güter will der Orden

in zwei Jahren einlösen; geschieht das nicht, so fallen diese Güter an den Markgrafen und seine Nachkommen. Zeugen dieser Urkunde waren: Graf Günther von Kevernberg, Droiseke von Kröchern, Redeke von Redern, Johann von Greifenberg. Kremmen am Sonntage vor Lichtmeß im Jahre nach Gottes Geburt 1318.

Markgraf Waldemar ließ sich die erst auf mehrfach wiederholte dringende Aufforderung des Papstes erfolgte Herausgabe der von ihm zehn Jahre. besessenen und benutzten Güter des Tempelordens hier theuer genug bezahlen. Wenn die Johanniter die Güter des Tempelordens verpfänden, so folgt daraus keinesweges, daß sie sich schon im Besitze derselben befunden haben. Vielmehr gestanden sie nur durch die gewählte Form einer Verpfändung dem Markgrafen die fortgesetzte Benutzung mit Ausnahme des Tempelhofes zu Zielenzig zu; wirklich kamen sie auch erst 1350 in den vollen Besitz dieser Güter.

Uebrigens ist es interessant zu sehen, wie der mächtige Stoß, den der Tempelorden in Paris erhielt, in immer weitern Schwingungen und Bebungen sich bis in ferne Räume und Zeiten erstreckte und das gestörte Gleichgewicht erst mühsam wieder errungen wurde. Ein fester Punkt der damaligen Welt war in den Strom der Vernichtung plötzlich herabgesunken und noch lange

bebten seine Wogen, ehe sie sich wieder zu ebenen ver=
mochten.

Nichtsdestoweniger lebten die übrig gebliebenen
Templer in der Mark still und unangefochten, manche
waren wohl zu den Johannitern übergetreten, andre
blieben Templer. So lebten, wie es scheint, der ehe=
malige Templermeister Friedrich von Alvensleben
zu Röricke und Johann von Wartenberg zu
Quartschen, ja es wird sogar behauptet, und dies ist
nicht ohne einigen Schein, daß Friedrich von Alvens=
leben jahrelang Präceptor in der Mark gewesen sei. —
Während die Güter der Johanniter in der Mark einen
so bedeutenden Zuwachs erhielten, war derselbe in eine
ganz besondere Stellung zum großen Johanniter=Orden,
der damals seinen Sitz auf Rhodus hatte, gekommen.
Wir haben das angeführt, daß der Großmeister Fulko
v. Villaret mit einem Theile, namentlich der ältern und
deutschen Ritter in Zwiespalt gerieth; man warf ihm
besonders Stolz und Uebermuth, Schwelgerei und Ver=
schwendung vor. Es wurden dem Großmeister Vor=
stellungen gemacht, worin er Verrath und Widerspen=
stigkeit erblickte; nun entstand eine förmliche Verschwö=
rung, und ein alter Ritter, Moritz von Paynac,
rauh und unbiegsam, bigott und verdammungssüchtig,
dem Wortlaute der Ordensgesetze streng ergeben, wurde
von den Mißvergnügten zum Großmeister erwählt.
Da aber auch Fulko von Villaret noch viele An=

hänger hatte, wurde die Sache dem Papste zur Ent=
scheidung übergeben, der beide Großmeister nach Avignon,
seiner damaligen Residenz, kommen ließ. Ueberall wurde
Villaret, dem der Ruf seiner glänzenden Tapferkeit
voran ging, mit Auszeichnung aufgenommen, während
man sich von Paynac, als einem Rebellen=Aufwiegler,
scheu zurückzog, und er auch selbst wohl sein Unrecht
fühlte. Unglücklicherweise raffte ihn ein schneller Tod
dahin, so daß der Papst der eigentlichen Entscheidung
überhoben war und Villaret in seiner Würde blieb,
die er jedoch 1323 freiwillig niederlegte.

Mit dieser Entscheidung war ein großer Theil der
Ritter, besonders der deutschen Ritter, nicht einverstan=
den, sie wollten von Fulko von Villaret nichts
wissen, trennten sich von den Rhodisern, gingen in die
Mark, wo der Orden durch die Tempelherrngüter so
mächtig geworden war, wählten hier einen besondern
„Johanniter=Heermeister in der Mark" in der
Person Gebhards von Bortfelds und gründe=
ten so die vom Orden völlig unabhängige
Ballei Brandenburg 1327.

Dieser Zwiespalt dauerte bis zum Jahre 1382,
da fand eine Aussöhnung statt und wurde der berühmte
Vertrag zu Heimbach, einer Johanniters Komthurei
im Elsaß unfern von Landau, geschlossen, wonach der
Ballei Brandenburg große Vorzüge gewährt wurden,
namentlich daß sie andere Komthureien unter sich haben

unb ben Heermeifter frei unb felbftänbig unter fich wählen
follte, *) ben ber Fürft von Heitersheim beftätigte, wofür bie Ballei biefes Mal 2400 Golbgülben, künftig-
hin nie mehr als bie frühern 324 Golbgülben jährlich
zahlte. Meifter bes Johannes-Orbens in Deutfchlanb
(„Meifter Synthe Johanns-Orbens in buitzfchen Lan-
ben") war Conrab von Braunsberg, Heermeifter
in Branbenburg Bernharbt von Schulenburg.

Nehmen wir ben Faben unfrer Gefchichte wieber
auf. Gebharb von Bortfelb, aus einer Braun-
fchweigifchen Familie abftammenb, war etwa von
1327 bis 1350 Heermeifter in ber Mark. Ihm unb
ben Brübern bes Johannis-Orbens verkaufte ber ba-
malige Bifchof von Minben im gleichnamigen Fürften-
thum, Wietersheim für 100 Mark Silbers, wo-
felbft gleich nachher 1327 eine Komthurei angelegt
wurbe. Wir haben fchon früher erzählt, baß Markgraf Walbemar von Branbenburg ben Johannitern bie Güter bes Tempelorbens 1318 in Folge
gütlichen Vergleichs gegen Zahlung von 1250 Mark

---

*) „Dat fie nu alle Ere Nakomelinge in berfelben Ballie
alle Thbe ewelife Macht unb Gewalt hebben fcolen, Enen Bal-
lier Erer Ballie eynbrachtiglich to kiefen, wo bikke un wenner
bie Noth iß."

herausgab, daß die Ritter diese Summe jedoch nicht sogleich dem Markgrafen zahlen konnten und ihm dafür die Stadt Zielenzig mit den Dörfern Laubow, Buchholz, Langenfeld, Reichen, Breesen und Warbern, mit Ausnahme des Ordenshofes in Zielenzig, verpfändeten.

Aber am 14. August 1319 starb ganz unerwartet Markgraf Waldemar zu Bärwalde in der Neumark und ein Jahr darauf Markgraf Heinrich, der letzte aus dem Askanischen Stamme. Es ist bekannt, daß sogleich Prätendenten von allen Seiten aufträten und entweder auf die ganze Mark oder einzelne Theile derselben Anspruch machten. So erhob auch Herzog Heinrich von Schlesien Ansprüche an das Land Lebus, welches sein Großvater acht und sechzig Jahre früher den Markgrafen Johann I. und Otto III. und dem Erzbischofe von Magdeburg verkauft hatte, und besetzte dasselbe. Als nunmehriger Landesherr verlangte er vom Orden die Zahlung der 1250 Mark. Sie einigten sich, wahrscheinlich um eine geringere Summe, und Herzog Heinrich stellte darüber am 21. Februar 1322 dem Orden eine besondere Verschreibungsurkunde im Städtchen Königswalde im Lande Sternberg aus. Als aber der Kaiser Ludwig der Baier im Jahre 1324 seinen Sohn Ludwig mit der ganzen Mark Brandenburg belehnte, so erkannte dieser dies Verkaufsgeschäft nicht an, ließ sich vielmehr am

30. Junius in Zielenzig huldigen und erst am Ende des Jahres 1350 kam diese Stadt durch einen von den beiden Markgrafen, Ludwig dem Aelteren und Ludwig dem Römer mit dem Heermeister geschlossenen, seinem nähern Inhalte nach unbekannten Vergleich für immer an den Orden. Am 21. Dezember des gedachten Jahres wiesen die Markgrafen, welche sich damals in Frankfurt aufhielten, die Rathmanne, den Richter, und die Gemeine der Stadt an den Orden, wobei sie sagten, daß der Heermeister, Hermann von Warberg, die Rechte des Ordens an die demselben von ihnen und ihren Amtleuten bisher vorenthaltene Stadt Zielenzig und deren Zubehörungen genügend nachgewiesen habe, und sie daher dieselbe ihm mit dem Kirchlehen abgetreten und übereignet hätten. An demselben Tage stellte der Heermeister dem Markgrafen einen Revers wegen des Oeffnungsrechtes aus und der Stadt bestätigte er ihre bisherigen Freiheiten und Gerechtigkeiten. Am 5. Februar 1351 wurde der Orden durch den Landvogt Hermann von Wulkow in Zielenzig und in die dazu gehörenden Güter eingewiesen, dazu gehörten damals schon die Städtchen Lagow und Sandow, wie dies die Urkunde ausdrücklich angiebt. Das ehemalige freie Burglehn des Ordens in der Stadt Zielenzig bestand aus zwei Vorwerken in der Mühlenvorstadt, jedes mit vier Hufen Land; das eine dieser Vorwerke gehörte früher einem

Rittmeister von Seiblitz und ist jetzt im Besitze des Amtmanns Fischer.

Wir müssen hierbei bemerken, daß der Johanniter=orden in den Streitigkeiten des Kaisers Ludwig und seines Sohnes des Markgrafen Ludwig mit dem Papste und dem Bischofe von Lebus, so wie später beim Auftreten des falschen Waldemar treu beim Landesherrn hielt, wobei er die Ehre hatte mit dem Markgrafen Ludwig, den Aebten zu Dobrilugk, Neu=Zelle, Chorin und Lehnin und vielen Städten und Edeln vom Papste in den Bann gethan zu werden mit allen Prioren, Präceptoren, Komthuren und Brüdern, aber auch gewiß nicht wenig dazu beitrug, daß das Land über der Oder (die Neumark) dem Markgrafen Ludwig treu blieb, was derselbe vielleicht durch die Rückgabe von Zielenzig belohnte.

1318 war mit andern Tempelgütern auch die Komthurei Lietzen an die Johanniter gekommen. Im Jahre 1321 verkauften die Ordensbrüder zu Lietzen mit Genehmigung des Bruders Gebhart von Bort=feld, als Stellvertreters ihres General=Präceptors, Paul von Modena,*) eine schon

---

*) Diese Urkunde ist wichtig, da sie ein gewisses Licht über die ersten Verhältnisse des Ordens nach Erwerb der Tempel=güter und seiner Trennung vom großen Johanniter=Orden giebt. Nicht Friedrich von Alvensleben, der seitherige Präceptor des Tempel=Ordens, war stillschweigend Johanniter=Heermeister, son=

dem Tempelorden gehörig gewesene, zwischen Lietzen und Falkenhagen gelegene Mühle, wahrscheinlich die heutige Schmerlmühle, zwei Bürgern aus Falkenhagen für 90 Mark Silbers, welche zur Einlösung des Ordens=dorfes Dolgelin verwandt wurden. Die Brüder, von denen der Verkauf geschah, waren Heinrich, genannt Stapel, Stellvertreter des damals in fernen Landen (Rhodus?) begriffenen Gebhart von Bortfeld, Komthurs zu Lietzen, Johann von Sandow — also schon damals eine Komthurei — Prior Dietrich von Lo, Gerhard, Bodo, Dietrich von Arns=husen, Konrad von Helmstedt, Heinrich Inayte, Conventualen auf dem Hofe zu Lietzen. Hiernächst zeigen sich im nächsten Zeitraume noch fol=gende Ordensbeamte zu Lietzen: 1338 Heinrich Paris, Komthur, 1345 Ulrich von Königsmark, Komthur, 1358 Herr Johann von Hoym, Kom=thur, Herr Konrad Tabelyn, Prior, 1362 Herr Konrad, Prior, Herr Lübecke, Komthur, 1369 Hermann Holznecker, Komthur.

Was es mit den hier erwähnten Prioren, die neben oder unter den Komthuren standen, für eine Bewandtniß hat, läßt sich nicht nachweisen. Die Großprioren

---

dern diese Stelle vertrat der General=Präceptor Paul von Mo=dena, dessen Stellvertreter in der Mark ꝛc. Gebhard von Bort=feld war, der nach Jenes Tode 1337 wirklicher Heermeister wurde.

waren Vorsteher ganzer Ordenszungen, die Prioren Vorsteher einzelner Provinzen und daher mehrerer Komthureien; vielleicht waren sie Ordenspriester, da der Orden viel Klösterliches hatte, so hatten sie vielleicht die Aufsicht über den Gottesdienst. Wie es scheint, waren nicht in allen Komthureien Priorate, zu Rörichen, Nemerow, Goslar und Lietzen ist es gewiß. Mit der Komthurei Süplingenburg war das Priorat zu Braunschweig und mit der zu Wietersheim das Priorat zu Minden verbunden. Im vierzehnten Jahrhunderte waren die bekannten Prioren des Ordens sämmtlich ritterbürtige Personen, im funfzehnten finden sich mehrere, welche ihrem Namen nach mit Sicherheit für Personen des Bürgerstandes anzunehmen sind. Im Jahre 1438 befanden sich auf dem Kapitelstage zu Lietzen neben dem Ordensmeister und den Komthuren auch acht Prioren, die alle zugleich Pfarrer von Kirchen waren, über welche der Orden das Patronat hatte, nämlich zu Arnswalde, Braunschweig, Neu Stargard, Eren (Groß-Echsen im Mecklenburgischen), Königsberg i. d. N., Schlawe in Hinterpommern, wo früher eine Komthurei war, Lychen in der Uckermark und Freienstein in der Priegnitz.

Im Jahre 1345 kaufte der Orden von der Familie von Klepzig das Schloß Lagow. Dieses Schloß lag vor Alters her auf einer Anhöhe zwischen zwei langen und schmalen Seen und war ein von Steinen gebautes, von einer hohen Mauer umgebenes und mit einem festen Thurme versehenes Gebäude, fast wie es noch heute ist. Zwei Jahre darauf wurde es Johanniter-Komthurei, nachdem es in demselben Jahre 1347 von den Herren von Wiesenburg auf Libenau erstürmt war, weil diese Herren 300 Mark Silber vom Markgrafen Ludwig zu fordern und nicht erlangen konnten. Diese That veranlaßte den Markgraf, dem Orden diese bisher als Lehn besessenen Güter als Eigenthum für 400 Mark zu verkaufen. Davon erhielten die von Wiesenburg 300 Mark und der Markgraf selbst 100 Mark. Das Schloß, auf welchem der Komthur wohnte, liegt in der Stadt auf einer Anhöhe, ganz vom Wasser umflossen und umgiebt von vier Seiten einen Hof, auf welchem ein tiefer Brunnen befindlich ist. Vor Erfindung des Schießpulvers muß es eine tüchtige Feste gewesen sein. Dazu gehörte ein dicht dabei gelegenes Vorwerk mit einer Schäferei; die beiden Städtchen Zielenzig und Lagow, sieben Dörfer unter Brandenburgischer Hoheit: Neu Lagow, Petersdorf, Malkendorf, Ostrow, Breesen, Langenfeld und Koritten mit allen Pächten, Diensten und Zinsen. Später, aber auch in demselben Jahrhunderte kamen vier unter der polnischen Starostei Meseritz stehende Dörfer: Tempel, Burschen, Seeren und Langenpfuhl mit Zinsen und Pächten, aber ohne die Dienste, welche zum Schlosse Meseritz gehörten, dazu; außerdem gehörten dazu die Feldmarken zweier wüster Dörfer: Großdorf und Symmelo, 14 Seen mit einem Areal von anderthalb Meilen, die Buchmühle bei Neu Lagow und reiche Holzungen, Wiesen und Jagden.

Die Summe aller Einkünfte der Komthurei betrug in der Mitte des 15. Jahrhunderts 200 Schock Groschen (10,000 Rthlr.) ohne das Korn von den wüsten Dörfern. Im sechzehnten Jahrhunderte kamen folgende Komthureidörfer hinzu: Grunow, Neu=Kirschbaum, Lindow, Siegelberg und Tauerzig. Komthur zu Lagow war 1372 Heinrich von Wedel.

Auch die Güter der Komthurei Werben erhielten im vierzehnten Jahrhunderte außer den Tempelgütern bedeutenden Zuwachs. Ein Bürger zu Werben, Jakob von Pasewalk, schenkte dem Orden 1313 Aecker im Dorfe Klinke; 1319 erhielt er von Gebhard von Wanzleben in Behrendorf drei Hufen Land und 1341 von Konrad von Krakow 16 Schillinge (etwa 20 Rthlr. brandenburgischer Münze.) jährlicher Einkünfte von einer Hufe Ackers aus dem Dorfe Wendemark. Auch stifteten die Johanniter zu Werben zwei Hospitäler, nämlich vor dem Elbthore der Heermeister von Alvensleben das Hospital St. Gertraut 1424, und der Heermeister Richard von Schulenburg das St. Georgenhospital vor dem Thore nach Seehausen im Jahre 1483. Buchholz in seiner brandenburgischen Geschichte erzählt noch

(Bd. 2. S. 327.): in einem Fenster der Ordenskirche zu Werben sei das jüngste Gericht dargestellt und der Pabst mit seiner dreifachen Krone, wie er an der Spitze der Verdammten von einigen Teufeln in die Hölle geschleppt werde; hierdurch zeige sich, daß die Johanniter wenig Ehrfurcht gegen den Pabst gehabt. Wahrscheinlich aber ist es, daß dieses Bild aus den Zeiten der Reformation herstammt, und nicht aus den Zeiten des Bannes um 1350.

In demselben Jahre starb der seitherige Heermeister Gebhard von Bortfeld und es folgte ihm Hermann von Warberg (1350 bis 1371), aus einer edeln braunschweigischen Familie aus dem Dorfe Warberg bei Helmstedt herstammend. Auch die braunschweigischen Herzöge hatten sich anfänglich nach Aufhebung des Tempelordens in den Besitz der Güter derselben, namentlich der Komthurei Süplingenburg bei Helmstedt gesetzt. Sie war schon vom Kaiser Lothar im Jahre 1150 den Templern übergeben. Hermann von Warberg vermochte die Herzöge im Jahre 1358 dazu, daß sie die Komthurei mit allem Zubehör dem Johanniter-Orden für eine Entschädigung von 400 Mark braunschweigisches Silber abtraten, nachdem sie dieselbe funfzig Jahre benutzt hatten. Diese Komthurei nahm der Heermeister jetzt zu seiner Residenz. Bis dahin hatte wahrscheinlich ein Oheim des regierenden Herzog Magnus, Namens Otto, und seitheriger Komthur des Tempelordens, daselbst gewohnt und den Genuß derselben Komthurei gehabt.

Zu Gartow, einem Städtchen an der Elbe, unweit der altmärkischen Grenze war schon im Jahre 1303 eine Johanniter-Komthurei und ein Komthur Ulrich von Schnak. Im Jahre 1360 kaufte der Orden von den Gevettern Werner, Heinrich, Hennig und Bernh. von Schulenburg ihren Antheil an dem Hause und Städtchen Gartow mit allen dazu gehörigen Dörfern, Höfen und Gütern und Haiden. Die Kaufsumme ist nicht angegeben. In derselben Gegend von Gartow kaufte in demselben Jahre der Orden von den Markgrafen Ludwig dem Römer und Otto die sogenannte Insel Krummen=dick, mit allen Dörfern, Höfen und Zubehörungen für den Preis von fünfhundert Goldgulden. Hier in Gartow hatte auch der dritte Heermeister, Bernhard von Schulenburg von 1371 bis 1397 seine Re=sidenz Ihm ertheilte Kaiser Karl IV. als Besitzer der Mark Brandenburg nachstehenden Bestätigungs=Brief:

„Wir, Karl, von Gottes Gnaden Römischer Kaiser, König von Böhmen ꝛc., Markgraf und Kurfürst von Brandenburg ꝛc.

bekennen und thun kund mit diesem Briefe, allen denen, die ihn sehen oder hören lesen, daß wir haben bestätiget und bestätigen mit diesem Briefe

Unsern lieben andächtigen Bernhard von der Schulenburg, Kommendur zu der Gartow Johanniser-Ordens und allen Häusern desselben Ordens, die in unsern Marken zu Brandenburg gelegen sind, alle ihre Gerechtigkeiten, Freiheiten, gute Gewohnheiten, ihre Lehen, Erben und Güter, und auch alle ihre Briefe über ihre Lehen, Eigen, Erben, Pfandschaften und Güter, die sie haben von allen unsern Vorfahren, Fürsten und Fürstinen, stets und ganz zu halten, und ihnen die nicht zu ärgern und zu kränken, sonder Arglist.

Mit Urkund, so geschehen zu Straußberg 1373."

Es ist dies derselbe Heermeister, unter welchem, wie schon früher erwähnt worden, der Heimbach'sche Vertrag zu Stande kam. Auch er residirte zu Gartow und erwarb dem Orden mehrere neue Güter. 1373 kaufte er dem Ordensamte zu Kollin in Pommern das Dorf Wittichow, von Hasse von Wedell seinen Antheil am Dorfe Suckow 1377, und 1379 elf Hufen im Dorfe Richel und ein Jahr darauf von Hans von Bork Haus und Dorf Penstn, welches die von Güntersberg 1424 vom Orden als Lehen erhalten, die auch die vorbemerkten Einkünfte von Suckow, die in 62 Mark bestanden, kauften. Unter diesem Ordens=meister wurde 1382 die Komthurei Röhricke mit der zu

Wildenbruch vereinigt. Von letzterm Orte kaufte er vom Herzoge von Pommern die Landbede für 80 Schock böhmische Groschen (etwa 4000 Rthlr.)

Der vierte Heermeister war Detlev oder Dietrich von Walmoden von 1397 bis 1400; er stammte von einer alten adeligen Familie aus dem Hannöverschen ab und ist nur durch sein tragisches Ende bekannt. Er wurde nämlich in der Ordensstadt Bahn in Pommern bei einem Aufruhr von den Bürgern erschlagen. Diese That ist der Stadt theuer zu stehen gekommen, denn sie mußte nicht allein an der Stelle, wo die Mordthat geschehen war, ein steinernes Kreuz errichten und unterhalten, sondern auch dem Orden ein jährliches Sühngeld entrichten; erst seit 1589 wurde der Stadt dies Sühngeld vom Orden erlassen.

Ihm folgte Reimer von Güntersberg von 1400 bis 1420. Er stammt aus einer an der östlichsten Grenze der Neumark reich begüterten, schloßgesessenen Adelsfamilie. Er erhielt vom Herzoge Boguslaw von Pommern das Eigenthumsrecht über Neu=Wolzow und hatte sein Amt in einer der traurigsten Perioden der Geschichte der Mark übernommen. Der Oheim des nachherigen Kaisers Siegmund, Markgraf Jobst von Mähren, ein alter, harter und geiziger Mann, war der Regent darin, „der die Mark auspreßte, wie einen Schwamm," der Alles verkaufte, verpfändete und zu Gelde machte, was nur möglich war, und der auch dem Johanniter-Ritter-Orden für 2700 Schock Böhmische Groschen (nach unserm Gelde etwa 130,000 Rthlr., Buchholz hat gar 27,000 Schock Groschen) das Schloß Zanloch, die Stadt Reppen, und die Vogtei des Landes Sternberg mit allen Gerechtigkeiten, Dörfern, Jahresrenten, Orbeden, Zinsen, Diensten, Vorwerken, Aeckern, Mühlen, Zöllen, Geleiten, und insonderheit die Orbede zu Drossen, mit jährlich 24 Schock Groschen dergestalt verpfändete, daß der Orden auch ermächtigt wurde, alle im Lande Sternberg zum Patronate des Landesherrn gehörige geistliche Stellen zu besetzen und eröffnete weltliche Lehen, deren Werth nicht 10 Schock Groschen erreichte, zu verkaufen und anderweit als Lehen zu verabreichen berechtigt war. Schon früher, im Jahre 1398, hatte Markgraf Jobst dem Ordensmeister in der Mark für 400 böhmische Groschen Burg und Stadt Küstrin mit dem Kieze mit der Erlaubniß verpfändet, während der Pfandzeit 30 Schock Groschen verbauen zu können, die gleichfalls erstattet werden sollten. Dieser Pfandbesitz dauerte jedoch nicht lange, da der Markgraf Gelegenheit fand, Küstrin an den Vogt der Neumark, Johann von Wartenberg, für 1000 Schock Groschen verkaufen zu können.

Bekanntlich starb Markgraf Jobst kinderlos und die Mark Brandenburg fiel nun 1411 wieder an Siegmund, der kurz vorher deutscher Kaiser geworden war. Dieser übertrug dem Burggrafen Friedrich von Nürnberg, Grafen von Hohenzollern, einem der ausgezeichnetsten Männer seiner Zeit, erst die Verwaltung der Mark als Statthalter, dann 1415 als Reichslehen als einem rechten Kurfürsten und Markgrafen von Brandenburg. Daß sich fast der ganze märkische Adel, besonders die Quitzow's, Puttlitze, Rochow's und viele Andere gegen diese Erhebung des edeln Burggrafen auflehnten, ja erst mit den Waffen zum Gehorsam mußten gebracht werden, wollen wir nur andeuten, um das Betragen des Johanniter-Ritter-Ordens in ein besto helleres Licht zu setzen und in einem besto strahlenderm Lichte zu zeigen. Sie unterwarfen sich sofort allen Befehlen des Kaisers in Rücksicht des neuen Landesherrn, Kurfürsten Friedrich des Ersten von Brandenburg, und mit Recht ertheilt ihnen der Geschichtschreiber Buchholz das Lob treuer Anhänglichkeit an die Landesherrschaft wenn er sagt: „Man muß bekennen, daß die Heermeister und der Orden in der Mark beständig ein gutes Exempel der Treue und Unterwerfung gegen die höchste Landesobrigkeit gegeben haben."

Im Laufe des funfzehnten Jahrhunderts gewann der Orden noch sehr ansehnliche Güter, namentlich im Lande Sternberg. Busso von Alvensleben verwaltete sein Amt nur vier Jahre, von 1420 bis 1424. Unter ihm erhielt der Orden im Jahre 1421 wahrscheinlich durch Kauf vom Herzoge Wenzel von Krossen und Schwiebus das Eigenthum der an der Grenze des Sternberger Kreises gelegenen, späterhin diesem Kreise einverleibten Dörfer Selchow und Grunow. Weiter ist von ihm nichts bekannt. Aber unter Balthasar von Schlieben (von 1424 bis 1437) kaufte der Orden vom Kurfürsten Friedrich I. wiederkäuflich für 900 Schock böhmische Groschen (etwa 40,000 Rthlr.) das diesem durch den Tod des seitherigen Lehnbesitzers, Heinrich von Diniz, anheim gefallene Schloß Sonnenburg mit der Stadt und allen Zugehörungen, und im folgenden Jahre für einen Zuschuß von 1900 Schock Groschen das volle freie Eigenthum dieses Schlosses mit dem Städtchen, der Mühle, dem Kieze und den Dörfern Priebrow, Limmeriz, Kriescht, Mauskow, Diniz und Gärtnow. Seitdem wurde Sonnenburg Residenz des jedesmaligen Heermeisters, während die Herrmeister sonst in den Komthureien geblieben waren, denen sie als Komthur vorgestanden hatten. Dazu kaufte der Orden 1431 von den Schenken von Landsberg den Hof und das Dorf Rampiz; nebst den Dörfern Kloppiz, Melschniz, Matschdorf und Gröben. Später wurde Rampiz als ein Ordensamt durch Hauptleute verwaltet, von denen noch folgende bekannt sind: Ludwig von Schlaberndorf, Ordensbruder um 1497, Johann Barfft (Barfuß), 1507 und 1516, Hans von Molberg 1533, Kurt von

Relzdorf 1544, Bastian von Löben starb als Amtshauptmann 1542. *) Dagegen verkaufte der Orden den Städten Berlin und Köln an der Spree die Dörfer Marienfelde, Mariendorf, Tempelhof und Reichersdorf für 2439 Schock und 40 böhmische Groschen, da die im Sternberger Kreise allerdings gelegener waren.

Um das Jahr 1434 kam der Johanniter-Orden in große Mißhelligkeiten mit dem deutschen Orden in Preußen. Denn als der Johanniter-Orden den Polen, welche mit dem deutschen Orden in einen Krieg verwickelt waren, mit einigen tausend zu Hülfe gerufenen Hussiten in die Neumark und selbst in Preußen eingefallen waren und die Johanniter den Hussiten heimlichen Vorschub geleistet und durch häufige Ausfälle aus ihrer Festung Zantoch dem deutschen Orden mancherlei Schaden zugefügt hatten, so rächte sich der Ordensmeister von Preußen, Paul von Rußdorf, dadurch, daß er nach dem Rückzuge der Hussiten die Komthurei Quartschen und andere Johanniter-Güter einzog, die in der Neumark lagen, welche damals noch den deutschen Rittern gehörten. Nur auf Verwendung des

---

*) Es giebt eine eigene Druckschrift von Rampitz: Historische Nachrichten von dem Ordensamte Rampitz aus glaubwürdigen Urkunden von Joh. Gottfr. Richter, Ordensprediger daselbst, 1740; darin steht zwar Vieles, von Rampitz aber wenig.

Kaisers und des Kurfürsten, erhielten die Johanniter dieselben im Frieden zu Marienburg wieder.

Im Jahre 1437 bis 1459 wurde Niklas von Thierbach Ordensmeister. Unter ihm wurde ein Kapiteltag zu Lietzen gehalten. Unter andern ward da beschlossen, einen besonderen Gottesdienst der Jungfrau Maria in der dortigen Johanniter Pfarrkirche einzurichten. In der angegebenen Urkunde waren die Komthure Niklas v. Kalbitz zu Lagow, Bernd Brückner von Quartzen, Hans von Bockum zu Wildenbruch, Hans von Güntersberg, Komthur zu Zachen. Im Jahre 1438 findet sich auch ein Günther von Ragenberg als Präceptor in Sonnenburg (Kehrberg, Königsberg 1. 86.), es ist aber nicht zu ermitteln, zu welcher Art von Beamten dieser Präceptor gehörte. Um diese Zeit hatte auch Herzog Heinrich von Schlesien dem Orden seine Stadt Schwiebus nebst den dazu gehörigen Dörfern entweder zu Lehn gegeben oder verpfändet. In einer Urkunde vom Jahre 1439 wird der Heermeister Niklas von Horn des Schlosses Schwiebus genannt, wo ein Ordensritter Konrad von Burkersdorf als Schloßhauptmann residirte. Eben dieser Heermeister ertheilte in den Jahren 1453 und 1454 Lehnbriefe über die im Schwiebusischen gelegenen Dörfer Nischlitz und Birkholz. Diese Lehne bestätigt noch 1462 und 1464 der nachmalige Heermeister Liborius von Schlieben. Aber gegen das Ende des Jahrhunderts (1494) war der Orden nicht mehr im Besitze der Stadt und „des Weichbildes Schwiebus."

Wir haben schon früher erwähnt, daß Markgraf Jobst im Jahre 1409 dem Orden die Vogtei im Lande Sternberg verpfändet habe. Mehrere selbst der bessern märkischen Schriftsteller gaben an, Kaiser Siegmund habe die Vogtei noch vor Uebergabe der Mark an Friedrich, Burggrafen von Nürnberg, von den Rittern eingelöst. Aber alle Nachrichten schweigen über diesen Gegenstand; auch die Burg Zantok war mit in dieser Verpfändung, und diese war noch 1434 im Besitze der Ritter, denn sie machten von da Streifzüge in das Gebiet der preußischen Ritter, wie wir früher angegeben. Dagegen verpfändet der Kurfürst 1447 dem Johanniter-Orden abermals die Vogtei im Lande Sternberg ganz in der Art und mit denselben Ausdrücken wie die frühere Verpfändung geschehen war, aber nur für die geringe Summe von 6000 rheinischen Gulden. Sie hatten also höchst wahrscheinlich die Vogtei seitdem immer besessen und gaben nun einen verhältnißmäßigen Nachschuß.

Kurfürst Friedrich II. ertheilte diesem Großmeister im Jahre 1452 eine Bestätigung und einen Schutzbrief für alle Güter des Ordens; vielleicht geschah dies nicht ohne Beziehung auf die Streitigkeiten, welche zwischen dem großen Johanniter-Orden und dem Heermeisterthum Sonnenburg ausgebrochen waren. Letzterer wurde beschuldigt, den Heimbacher Vertrag nicht gehalten zu haben. Daher hob der Großmeister die Ballei Brandenburg auf und verordnete, sie solle dem Großprior von Heitersheim unterworfen werden. Allein die Sache konnte nicht durchgeführt werden, da der Kurfürst den Orden schützte und nicht in das Ansinnen des Großmeisters willigte. Dem seitherigen Heermeister folgte Heinrich von Reder, der aber schon im folgenden Jahre, 1460, wieder starb.

Ihm folgte bis 1472 der Heermeister Liborius von Schlieben und 1475 Kaspar von Güntersberg und bis 1491 Richard von der Schulenburg und endlich bis in das Zeitalter der Reformation, 1527, Georg von Schlaberndorf. Am Schlusse dieses Zeitraums hatte der Orden folgende eigenthümliche und unmittelbare Besitzungen:

A. Im lebusischen Kreise bei der Komthurei
   Lietzen:

Dolgelin, Gorgast, Lietzen, Marsdorf, und Neuentempel.

B. Im sternbergischen Kreise:

Bei dem Ordensamte Sonnenburg die Städte Sonnenburg und Zielenzig, die Dörfer Langenfeld, Laubow, Limmeritz, Mauskow, Mekow, Dignitz, Priebrow und Trebow.

Bei dem Ordensamte Rampitz die Dörfer Rampitz, Kloppitz und Melschnitz.

Bei der Komthurei Lagow die Städtchen Lagow und Spiegelberg, die Dörfer Breesen, Grunow, Groß-Kirschbaum, Neu-Lagow, Lindow, Ostrow, Petersdorf, Reichen und Tauerzig.

Lehngüter des Ordens in diesem Bezirke waren damals im lebusischen Kreise Hackenow, Heinersdorf und Tempelburg; im sternbergischen Lande: die damaligen Städtchen (oppida) Döbbernitz und Sandow, die Dörfer, Güter und Vorwerke Barschsee, Buchholz, Klein-Gandern, Grabow, Gräben, Heinersdorf, Hildesheim, Koritten, Kriescht, Leichholz, Matschdorf, Mekow, Reichen, Schönow, Selchow und Wandern.

Ordenslehnsleute, so viel sie bekannt sind, die adeligen Familien von Buntsch, Glüser, Grüneberg, Horn, Lossow, Luck, Luckau, Rauendorf, Pful, Reichenow, Rothenburg, Scherf, Schlaberndorf, Selchow, Thyrbach, Winning und Wulf, und aus bürgerlichen Familien Belkow, Günther und Wins. *)

---

*) Diese speciellen Nachrichten vom Johanniter-Orden im Lebuser und Sternberger Kreise verdanken wir dem trefflichen vaterländischen Geschichtsforscher Wohlbrück, leider fehlen sie uns von den andern Komthureien.

Die zehn Komthureien des Ordens waren damals:

1. Lagow, im Sternbergischen,

2. Quartschen,

3. Grüneberg, beide in der vordern Neumark,

4. Lietzen, in der Kurmark,

5. Wildenbruch, in der mittlern Neumark,

6. Werben, in der Altmark,

7. Süplingenburg, im Braunschweigischen,

8. Wietersheim, im Bisthum Minden,

9. Mirow und

10. Nemerow, beide im Mecklenburgischen.

Die wichtigste Erwerbung, welche der Orden gegen das Ende dieses Zeitraumes machte, waren die in der Nieder-Lausitz gelegenen Herrschaften Friedland und Schenkendorf; das erstere kaufte der Orden 1501, das letztere 1512 mit Genehmigung des damaligen Ober-lehnsherrn der Lausitz, des Königs Ludwig von Böhmen, von den seitherigen Besitzern derselben, den Herren von Köckeritz, anfänglich nur wiederkäuflich. Später er-theilte König Ferdinand von Böhmen dem Orden über Schenkendorf 1528 und über Friedland 1539 volles Eigenthumsrecht. Später, als der Orden in der Mark evangelisch geworden war, 1609, machte der katholische Groß-Prior von Böhmen, Mathias Leopold von Lobkowitz, sehr eifrige Versuche beim deutschen Kaiser, beide Herrschaften unter seine Botmäßigkeit zu bringen, allein Kurfürst Johann Siegmund von Branden-

burg, als Schutzherr des Ordens, nahm sich sehr ernst=
haft der Sache an, weshalb sie unterblieb. Uebrigens
waren beide Herrschaften zu Ordensämtern gemacht
(1523). Noch müssen wir aus dieser Zeit eines krie=
gerischen Unternehmens des Ordens gedenken, weil
deren in der Geschichte des Ordens in der Ballei
Brandenburg fast gar keiner Erwähnung geschieht,
woraus man schließen möchte, daß derselbe hier sehr
friedfertig war. Im Jahre 1517 soll nämlich Veit
von Thümen, Komthur zu Lagow, verheerend in das
Gebiet des polnischen Kastellans von Meseritz einge=
fallen sein und zwar aus unbekannter Ursache. Die
Krone Polen war darüber sehr ungehalten, doch ver=
mittelte der Kurfürst die Sache durch den Bischof Georg
von Lebus.

Der von uns zuletzt erwähnte Heermeister, Georg
von Schlaberndorf, war endlich alt und schwach
geworden, daher versammelten sich die vier ältesten
Komthure zu Friedland als ein gesetzliches Ordens=Ka=
pitel und beschlossen, dem alten Heermeister einen
Coadjutor zu geben. Da sie aber eine solche Wahl
ohne Vorwissen und Zustimmung des Kurfürsten nicht
vornehmen durften — und dies ist sehr bezeichnend in
Betreff des abhängigen Verhältnisses des Ordens vom
Landesherrn, der nichts weniger als einen Staat im
Staate noch damals bildete — so meldeten sie dem
Kurfürsten ihre Absicht und baten ihn, den Kapiteltag

in Zielenzig, zu welchem der 18. Februar 1526 ange-
setzt war, zu beschicken und die Personen zu bezeichnen,
von welchen sie eine zum Coadjutor wählen sollten.
Im Namen des Churfürsten kamen der Kanzler Stüb-
linger und der Dechant von Brandenburg, Thomas
Krull, dahin, die den Komthur Veit von Thümen
zu Lagow vorschlugen, der 1526 zum Coadjutor erwählt wurde und auch, als der seitherige Heermeister
noch in demselben Jahre starb, nach vorher eingeholter
Genehmigung des Kurfürsten, Nachfolger desselben ward.
Die Wahl fand am 20. Januar 1527 zu Sonnenburg
statt, der Kurfürst hatte die beiden frühern Bevoll-
mächtigten dahin geschickt; vom Orden waren bei der
Wahl gegenwärtig: Veit von Thümen, Komthur
auf Lagow, Thesse Kleist zu Zachan, Gottschalk
von Feldheim zu Wildenbruch, Friedrich von der
Schulenburg zu Süplingenburg, Joachim von
Kleist zu Werben, Melchior von Barfuß zu
Mirow, Günther von Hohendorf zu Lietzen,
Hans Muschwitz zu Grüneberg, Mathias von
Ilow zu Krackau, Liborius von Bredow zu
Wietersheim und Asche von Kramor zu Nemerow.
Es fehlen die Komthure von Braunschweig, Gartow
und Quartschen. Wahrscheinlich wurden diese Kommen-
den von den genannten elf Komthuren mit verwaltet,
wie dies in Betreff von Quartschen gewiß ist, welches
Melchior v. Barfuß nebst Mirow mit verwaltete.

Es war nämlich schon damals nicht ungewöhnlich, daß Ein Komthur Zwei Komthureien verwaltete.

In der Kurmark regierte seit dem Tode des Kurfürsten Joachims I., der ein eifriger Beschützer des katholischen Glaubens gewesen war, dessen ältester Sohn als Kurfürst Joachim II., und in der Neumark, den incorporirten Kreisen Sternberg, Krossen und Kottbus, dessen zweiter Sohn, gewöhnlich Markgraf Hans von Küstrin genannt. Dieser war besonders ein eifriger Freund und Beförderer der Reformation. Er gestattete sogleich (1536) völlige Gewissensfreiheit, und nach wenigen Jahren machte sich ohne Zwang und Gewaltthat die Reformation in der Neumark von selbst.

Auch der Johanniter=Orden nahm sofort an dieser Reformation Antheil, obwohl er ein katholischer Orden war und mit der katholischen Religion genau zusammen hing. Anfänglich dachte man wohl nicht an ein förmliches Verlassen derselben, sondern nur an eine seit Jahrhunderten verlangte Verbesserung des vielfach entstellten katholischen Glaubens. Deshalb setzte der Orden der Ausbreitung des Evangeliums nicht allein keinen Widerstand entgegen, sondern der Heermeister, Veit von Thümen, setzte in der Ordenskirche zu Sonnenburg, wo bisher ein katholischer Pfarrer mit sechs Gehülfen, einem Schulmeister und einem Lokaten oder Schulgehülfen fungirt hatten, den Johann Jakobiz und einen Kapellan. Im Jahre 1584 beschenkte der

Heermeister, Graf Martin von Hohenstein, die Pfarre mit 6 Wispel Mehl aus der Mühle zu Langenfeld und den Zinsen von 300 Rthlrn. auf Gütern, und ein Jahr später in Zielenzig den Matthäus Böttcher als evangelische Pfarrer ein, ja die Komthure Melchior v. Barfuß zu Schievelbein und Andreas von Schlieben zu Lagow (letzterer war Besitzer von Tammendorf, Kaiser Karls V. und des Markgrafen von Brandenburg Feldmarschall) bekannten sich nicht allein zur Reformation, sondern hatten sich sogar verheirathet. Da entstand ein großes Geschrei von Seiten der katholischen Parthei und von dem Ober-Priorate zu Heitersheim, welches durchaus die Absetzung beider Komthure verlangte, angeblich, daß diese Komthure nur für sich und ihre Familie sorgen, den Vortheil des Ordens aber hintansetzen würden. Allein Markgraf Hans schützte sie, es wurde der Komthur Siegmund von der Mackwitz mit dem Ordens-Secretair zu einem General-Kapitel nach Speier geschickt und die Komthure blieben auch verehelicht in ihren Aemtern.

Dagegen zeigte sich der Orden auch sehr gefällig gegen Markgraf Hans, der in Küstrin residirte und die dieser Stadt so nahe Johanniter-Komthurei Quartschen „weil sie seiner Hofhaltung zu Küstrin ganz dienstlich und wohlgelegen wäre", gern gegen die entferntere Herrschaft Schievelbein vertauschen wollte. Der Tausch erfolgte 1540. Der Orden erhielt für die Komthurei

Quartschen, sammt dem Dom und Zubehör, das Amt Schievelbein sammt dessen Zubehör an Dörfern, nämlich Balsdrei, Nuthhagen, Nützow, Panzerin, Reichow, Falkenberg, Dalgenow, Klettin, Gumtow, Lippe, Priebslaw, Wenzlowshagen, desgleichen in den Dörfern zu Linkow sechs Hüfner, zu Labenitz acht Hüfner, zu Polchlep sieben Hüfner, an stehenden Zinsen und andern Gerechtigkeiten laut dem schriftlich übergebenen Verzeichniß als zu Relep, Krezigke, Semerow, Berkenow und Bolzkow, und mit Schulzengebühren, Kirchenlehnen, Gerichten, Diensten, Zinsen, Pächten, es sei an Roggen, Waizen, Hafer, Gerste, Zins- oder Rauchhühner, Mühlen und Mühlenstätten, Seen, Teichen, Wässern, Fischereien, Rohrwerbungen, Schäfereien, Wiesen, Haiden, Wäldern, Mastungen, Holzungen, Jagden, Stultich und Struttich, Hopfen- und Kohlgärten und allen sonstigen Nutzungen und Gerechtigkeiten; die Landessteuer und fürstliche Hoheit, die sonst auf des Ordens Gütern sind, behielt sich der Markgraf vor, dagegen sollte jeder Komthur zu Schievelbein gleichzeitig immer Landvogt der Kreise Schievelbein und Dramburg sein. 1542 ertheilte der Markgraf Hans noch allen Dörfern in der Komthurei Lagow, sowie der Stadt Zielenzig selbst, Krug- und Schankgerechtigkeit. Dagegen war es aber auch wieder der Johanniter-Orden, welcher im Jahre 1553 auf dem Landtage zu Soldin das vom Markgrafen Johann eingeführte neue Gerichtswesen in der

Neumark annahm. Das Dokument war unterschrieben: Herr Thomas Runge, Johanniter-Ordensmeister, Franz von Neumann, Komthur und Landvogt zu Schievelbein, Andreas von Schlieben, Namens der Prälaten, ꝛc.

Nachdem der Heermeister Veit von Thümen das Zeitliche gesegnet hatte, wurde auf dem am 20. Juni 1544 zu Sonnenburg gehaltenen Kapitel, wobei Heinrich von Pock, Hauptmann zu Kottbus, und Franz Neumann, neumärkischer Kanzler, zugegen waren, Joachim von Arnim, seitheriger Komthur zu Grünberg, zum Heermeister erwählt, und die Komthure Balthasar von Marwitz, und Vincenz Hermsdorf an den Großprior zur Bestätigung Joachims von Arnim gesandt. Wahrscheinlich war auch dieser Joachim von Arnim bereits evangelisch und der Großprior verweigerte die Bestätigung; daher resignirte Joachim von Arnim freiwillig, nachdem er dieses mit Anführung wichtiger Gründe dem Markgrafen angezeigt hatte. Er kehrte wieder auf seine Komthurei Grünberg zurück, wo er bis an seinen Tod blieb. Unter ihm ging die Komthurei Zachan in Pommern verloren; wahrscheinlich wurde sie wiederkäuflich verloren, der Wiederkaufstermin nicht inne gehalten, weßhalb Herzog Barnim die Abtretung verweigerte. Dagegen erwarb der Orden in demselben Jahre das Ordenshaus in der Stadt Frankfurt an der Oder.

Nun folgte 1545 Thomas Runge aus einer pommerschen altadeligen Familie, seither Komthur zu Werben. Unter ihm wurde ein bedeutender Umbau des Ordensschlosses zu Sonnenburg vorgenommen, 1547, und 1549 das Ordenshaus nebst Gärten und Wiesen in Küstrin angekauft. Die Ansprüche wegen des Wiederkaufs der Komthurei Zachan dauerten immer noch fort, doch wurde nichts in dieser Sache ausgerichtet, obwohl sich auch der Markgraf zu Gunsten des Ordens in dieselbe mischte. Dies war auf dem Kapitel zu Sonnenburg 1550. Hier wurden auch Beschlüsse gefaßt, die Komthureien möglichst nicht zu verschulden und die Holzungen zu schonen und zu erhalten. Dabei waren anwesend: Franz Neumann, Komthur zu Schievelbein, Andreas von Blumenthal zu Wildenbruch, Andreas von Schlieben zu Lagow, Otto von Termo zu Lietzen, Balthasar von der Marwitz auf Werben. Thomas Runge starb 1564.

Nun folgte Franz Neumann. Dieser Franz Neumann ist eine merkwürdige politische Person seiner Zeit, auf welcher noch viel Dunkelheit liegt. Gewöhnlich wird von ihm Folgendes erzählt: Er war der älteste Sohn eines Bürgermeisters zu Sagan, studirte Theologie und war von 1537 bis 1542 Rector an der Stadtschule zu Krossen. Hier soll er vom Rathe zum Abfassen der Urkunden u. s. w. gebraucht und sehr tüchtig in seinen Arbeiten gewesen sein. Markgraf

Hans besuchte bekanntlich die Städte seines Regie-
rungs-Bezirks häufig und lernte bei solcher Gelegenheit die Tüchtigkeit Neumanns kennen und nahm ihn
als Geheimschreiber in seinen Dienst. Hier erwarb er
sich nun des Markgrafen Vertrauen und Gunst in
einem solchen Grade, daß er schnell von Stufe zu
Stufe stieg, vom Kaiser Ka'rl V. auf des Markgrafen
Verwenden in den Adelstand erhoben wurde und schon
1556 Kanzler war. Fast gleichzeitig erwarb er das
Gut Mosau bei Züllichau, 1557 ward er Ordens-
komthur zu Schievelbein und Vogt vom Lande Schievelbein und Dramburg und 1564 auf des Markgrafen
besondere Verwendung Heermeister des Johanniter-
Ordens von 1564—1569. — Wie dies möglich war
bei dem Orden, der so streng auf Ahnenprobe hielt,
darüber ergeben die Akten des Ordens allerdings nichts.
Indessen ist die Thatsache unzweifelhaft. Uebrigens
fand es seit dem Ende des 16. Jahrhunderts nach den
Gesetzen des Ordens gleichfalls statt, daß „die Johanniter der Ballei nur aus Mitgliedern der evangelischen
Religion bestehen sollen," und doch war der Graf
Adam von Schwarzenberg, obwohl Katholik, doch
von 1625—1641 Heermeister, nachdem er dem
Orden einen stark verpflichtenden Revers ertheilt hatte,
nichts gegen den protestantischen Glauben im Orden zu
unternehmen. Aber es war unter den Gesetzen des
Ordens auch das sehr weise Gesetz:

daß das Kapitel als der lebendige Gesetzgeber von allen Statuten und Gesetzen eine Ausnahme machen könne.

Bald aber fiel der neue Ordensmeister in die volle Ungnade des Markgrafen; warum? ist völlig unbekannt. Zeitgenossen berichten, der Markgraf habe von ihm die Abtretung der Lausitzischen Ordensämter Friedland und Schenkendorf verlangt. Andere, er habe eben diese Herrschaften dem kaiserlichen Hofe zuwenden wollen. Wir wagen nicht zu entscheiden, aber Markgraf Hans war der Astrologie sehr ergeben, vielleicht hatten ihm die Sterne Andeutungen gegeben. Franz von Neumann hielt selbst seinen Aufenthalt in der Ordensresidenz Sonnenburg nicht für sicher, sondern begab sich nach Friedland, welches unter böhmischer Landeshoheit stand. Von dort kam er bis weiter über die Oder und machte Besuche im Ordensamte Rampitz im sternberger Kreise; dies erfuhr der Markgraf, und nun wurde Franz von Neumann, der Johanniter Herrmeister, durch den markgräflichen Marschall Johann von Seifertitz, den Kommandanten von Küstrin, Kaspar von Otterstädt, Siegmund von Schlichting und mehrere Andere vom Adel wirklich in Rampitz aufgehoben und — auffallender Weise gerade — nach der Ordens = Residenz Sonnenburg in Gewahrsam gebracht. Hier wurde er in ein Nebengebäude eingesperrt, aus welchem er durch Hülfe seiner

Tochter durch das heimliche Gemach entkam und nach Schwiebus flüchtete, welches damals noch kaiserlich war. Man setzte ihm zwar nach und verlangte von der Stadt Schwiebus seine Auslieferung. Allein diese wurde verweigert, und die Verfolger nicht einmal in die Stadt eingelassen, doch redete Neumann mit ihnen von der Mauer herab. Obgleich die Stadt Schwiebus den Befehl vom Kaiser erhielt, den Flüchtling zu schützen, so hielt er sich auch hier nicht für sicher, sondern eilte über Prag nach Wien, wo er noch in demselben Jahre 1568 starb. Der Markgraf war über diese Flucht sehr ergrimmt, daß er den Kommandanten von Sonnenburg, einen Herrn von Winning, so schrecklich foltern ließ, daß er an den Folgen starb. Auch des Entflohenen Schwiegersohn, Christoph von Doberitz, der markgräflicher Secretair war, und dem man Schuld gab, daß er seinem Schwiegervater Geheimnisse mitgetheilt habe, wurde nach Peitz und auf die Folter gebracht; da er nichts gestand, sollte er gegen Bürgschaft frei gelassen werden, als er diese aber nicht leisten konnte, wurde er enthauptet.

Inzwischen wurde am 15. November 1568 zu Sonnenburg ein General-Kapitel während der Meister-Vacanz gehalten. Wahrscheinlich waren wenige Komthure und Prioren erschienen und daher ein Beschluß gefaßt, daß, wenn ein Komthur nach erfolgter Einladung vom Ordensmeister ohne gehörige und beschei-

nigte Entschuldigung nicht erscheine, oder die Responsgelder nicht zu rechter Zeit einliefere, und dann nach
dreimaliger Aufforderung des Heermeisters nicht beim
Kapitel erscheine, ein solcher seines Amtes und seiner
Würde verlustig sein sollte. Am 14. Januar 1569
wurde auf dem Kapitel zu Sonnenburg Graf Martin
von Hohenstein, Herr zu Vierraden und Schwedt
in den Johanniter-Orden aufgenommen und am
17. Januar in die Komthurei Grünberg eingeführt,
und eben derselbe vier Tage später in Folge der vom
Markgrafen Hans geschehenen Ernennung zum Heermeister ernannt. 1559 bis 1610.

Der Großprior von Heitersheim machte mit der
Bestätigung wieder Schwierigkeiten, da der neu ernannte Heermeister wieder Protestant und auch verheirathet war, obgleich schon Franz von Neumann in
demselben Verhältnisse gewesen war. Doch mußte er
sich in das Unvermeidliche fügen. Graf Martin von
Hohenstein scheint ein weltkluger Mann gewesen zu
sein, der sich in Zeit und Umstände zu schicken wußte.
Gewiß hat der Orden ihm die Erhaltung der Ballei
meistens zu danken. Dabei half ihm sein persönliches
Ansehn bei den betreffenden Höfen.

Im Jahre 1570 zogen die mecklenburgischen Fürsten wegen einiger zwischen ihnen und dem Orden ob-
waltender Mißhelligkeiten die Komthurei Mirow
ein und behielten sie bis 1593. Da wurde durch Ver-

mittelung des Kurfürsten die Sache mit den Herzögen Ullrich und Karl dahin ausgeglichen, daß der Orden die Komthurei Mirow zurückerhielt, daß aber die fünf damals lebenden Herzöge von Mecklenburg nach einander in den Genuß der Komthurei kämen, jedoch so, daß ein Jeder von ihnen, wie er dazu gelange, in den Orden trete, die Responsgelder zahle und alle sonstigen Pflichten trage. Nach dem Tode der fünf Herzöge solle der Orden wieder das unbeschränkte Besetzungsrecht erhalten.

In der Mark. tauschte der Orden auf den Wunsch des Kurfürsten Johann Georg 1582 für die seitherigen Ordensgüter Sandow und Berg das kurfürstliche Lehen Ziebingen ein.

Auf Lagow war seit 1580 Abraham von Grünberg auf Looß, kurfürstlicher Rath und Verweser des Herzogthums Krossen, Komthur; ihm folgte sein gleichnamiger Sohn bis 1627.

Auch die Herzöge von Braunschweig droheten 1591 mit Einziehung der Komthurei Süplingenburg. Der Heermeister beschwichtigte den Sturm dadurch, daß er mit Besetzung der Komthurei mit. dem Herzoglichen Hause zu alterniren versprach. Schon sahen die Fürsten ein, daß der Orden eine gute Versorgungsanstalt für ihre Prinzen sei, da ohnedies in den protestantischen Ländern die Bischofsitze eingegangen waren, die sonst so manche Versorgung gewährt hatten.

Daher ließ auch Kurfürst Johann Georg seinen Sohn Joachim Ernst 1594 einstweilen zum Coadjutor und dereinstigen Heermeister wählen. Dafür zeigte sich aber auch der Kurfürst wieder dankbar; der Orden erhielt die Dörfer Pochleben und Bals mit den Mühlen in der Komthurei Schievelbein, Zollfreiheit für seine Unterthanen, Fischhandel in Küstrin, Wochenmärkte in der Stadt Sonnenburg, Zwangskrüge in Drossen und Eröffnung des Komthurei-Thores in Werben. Sonnenburg wurde zur bestimmten Ordens-Residenz und Sitz der Ordens-Regierung erklärt, die nun zuerst einen Kanzler in der Person eines Rechtsgelehrten David Geiseler erhielt. Die Ordenskirche zu Sonnenburg wurde reparirt und köstlich geschmückt und dem Prediger an derselben eine bedeutende Zulage an Roggenpacht aus der neuen Mühle im Amte Sonnenburg gewährt. Auch stiftete er daselbst ein Hospital für 16 Arme und mehrere ansehnliche Stipendien für in Frankfurt Studirende. Uebrigens gelangte 1604 der seitherige Coadjutor, Markgraf Joachim Ernst, in Anspach zur Regierung, worauf dessen Bruder Friedrich Coadjutor und 1610 Heermeister wurde. Graf Martin von Hohenstein starb am 5. Mai 1609; da er der letzte seines Stammes war, so wurde er mit Helm und Schild begraben, und seine Lehne Schwedt und Vierraden fielen wieder an den Kurfürsten. Seine Wittwe, eine geborne Gräfin von Reinstein, behielt

laut Kapitelsbeschluß den Genuß eines ganzen Gnaden=
jahres.

Während der ein und vierzigjährigen Regierungs=
zeit des Grafen von Hohenstein wurden doch nur
24 Ritter in den Orden aufgenommen, nämlich:

1. Andreas v. Grünberg, Komthur zu Lagow.
2. Andreas Hüncke.
3. Joachim von Ramin.
4. Dittlow v. Winterfeld, Komthur zu Schievelbein.
5. Hans Georg, Graf von Hohenzollern.
6. Georg von Winterfeld, Komthur zu Schievelbein.
7. Friedrich v. Weißensee, Komthur zu Süplingenburg.
8. Hans von Thümen.
9. Volkmar Wolf, Freiherr zu Puttbus, Komthur zu Wildenbruch.
10. Albrecht von Schlieben.
11. Joachim von Winterfeld.
12. Albrecht, Graf von Mansfeld.
13. Jobst von Hopfenkorffts.
14. Ernst von Münchhausen, Komthur zu Wietersheim.
15. Adam Friedrich von Schlieben.
16. Hans von Redern, Komthur zu Werben.
17. Joachim Ernst von Schlieben.

18. Heinr. Albr., Graf von Stolberg.

19. Joachim von Reden.

20. Hans von Knobelsdorf.

21. Erdmann, Freiherr von Puttbus, Komthur zu Wildenbruch.

22. Adam von Schlieben, Komthur zu Lagow.

23. Ludwig v. Gröben, Komthur zu Nemerow.

24. Wedigo, Gans von Puttlitz, Komthur zu Schievelbein.

Es folgen nun in den nächsten funfzehn Jahren, von 1611 bis 1625, fünf Markgrafen von Brandenburg im Heermeisterthum. Die drei ersten Markgrafen regierten nicht lange; Markgraf Friedrich nur zwei Monate, dann starb er an der Schwindsucht (vom 11. März bis 19. Mai 1611); Markgraf Ernst, vom 8. August 1611 bis 18. September, starb in Berlin; Georg Albrecht vom 5. Mai 1614 bis 19. Nov. 1615, er starb an den Blattern. Während seiner Regierung wurden drei Ritter in den Orden aufgenommen:

1. Hans Wolf v. d. Heyden, Oberst und Komthur zu Süplingenburg.

2. Hans Christoph von Kittlitz.

3. Jobst von Bomsdorf.

Nun wurde Markgraf Johann Georg, Herzog von Jägerndorf, in Schlesien am 29. Juli 1616 zum Heermeister gewählt. Als Ordenskanzler war bei seiner Wahl Werner von Castigliani, der Nach=

folger des Dr. Lorenz Colafius; seit dieser Zeit waren die Ordenskanzler stets vom Adel. Gleich im Anfange seiner Verwaltung wurde beschlossen, die Ordensämter zu besserer Benutzung zu verpachten. Gleich im Anfange des dreißigjährigen Krieges brachte Markgraf Johann Georg den Orden in große Gefahr. Er hatte sich als Herzog von Jägerndorf mit dem Kurfürsten Friedrich von der Pfalz, den die Böhmen zu ihrem Könige gewählt hatten, gegen den deutschen Kaiser Ferdinand verbündet. Als aber des Königs Friedrichs Heer 1622 am weißen Berge bei Prag völlig geschlagen war, wurde der Markgraf seines Herzogthums Jägerndorf, allerdings ganz widerrechtlich, verlustig und in die Reichsacht erklärt.

Da fürchtete der Orden auch die Ungnade des Kaisers für sich und suchte sie dadurch zunächst abzuwenden, daß kein Komthur auf dem vom Heermeister ausgeschriebenen Kapitel erschien. Dann bat der Orden den Kurfürsten, daß die Regierung desselben nicht mehr in des Heermeisters, sondern in des Ordens Namen geführt und ein neuer Heermeister gewählt werde. *)

---

*) Da der Orden fürchtete, daß die Reichsacht auch auf ihn ausgedehnt werden möchte, so wurde auf dem Kapitel zu Frankfurt 1622 festgesetzt, daß das Meisterthum, bis der Markgraf mit dem Kaiser wieder ausgesöhnt sei, durch den Senior des Ordens, den Komthur Maximilian von Schlieben auf Lietzen administrirt, der Hofstaat möglichst beschränkt und der Ueberschuß zur Schuldentilgung verwendet werden sollte. Dieser letzte

Der Kurfürst bewilligte dies Alles, doch zogen sich die Wahl-Verhandlungen bis zum Tode des Markgrafen Johann Georg hin, der im Jahre 1624 erfolgte. Hierauf wurde Markgraf Joachim Siegmund gewählt, der aber auch schon 10 Monate nach seiner Wahl, am 8. April 1625 an einem Schaden am Fuß zu Berlin starb. In den Orden aufgenommen waren:

1616. Octavian von Schlieben,
        Hieronymus von Dießkau,
        Niklas von Statenau.

1618. Wilhelm, Freiherr von Walstein,
        Christoph Ludwig, Graf von Stoll-
        berg.

1620. Heinrich, Graf von Thurn,
        Maximilian von Schlieben, Komthur
        zu Lietzen und nachheriger Senior des
        Ordens.

1623. Hennig von Flans, Oberschenk,
        Ludwig Ernst von Normann,
        Hans Andreas von Schlieben.

Es ist bekannt, bis zu welchem Grade der damalige Minister, Adam Graf von Schwarzenberg, sich die Gnade des Kurfürsten Georg Wilhelm er-

---

Zweck wurde nicht erreicht; der Ordens-Senior erhielt außer reichen Natural-Lieferungen jährlich 1500 Rthlr., aber die Kriegszeiten fingen an immer drückender zu werden, auch vergaß sich selbst der Senior des Ordens nicht.

worben. Nach dem Geraischen Familiengesetze
der Brandenburgischen Fürsten sollte immer ein Prinz
des Hauses durch das Johanniter-Heermeisterthum ver-
sorgt werden. Jetzt wurde in Folge kurfürstlicher Ernennung Graf Adam von Schwarzenberg am
17. Juni 1625 zum Heermeister erwählt, nachdem
auch zum Scheine Hennig von Fláns, Komthur
zu Werben, mit präsentirt war, und nachdem er, weil
er Katholik war, in einem schriftlichen Reverse versprochen hatte, „sich den Ordensregeln zu unterwerfen,
auch den Orden und dessen Unterthanen bei dem reinen
Worte Gottes der augsburgischen Konfession und derselben Apologie, sowohl als der christlichen Freiheit der
Ceremonien, wie dieselbe zeither gebräuchlich gewesen,
verbleiben lassen, und hierin für sich keine Veränderung
vornehmen, auch keine Ausübung der katholischen Religion in den Kirchen, Schulen und Ordenshäusern
einführen lassen, noch selbst gebrauchen oder andern ver-
statten wolle“.

Hierauf zeigte der neue Heermeister seine Wahl
dem Groß-Prior, Fürsten zu Heitersheim an und
bat einen Termin zu seiner Bestätigung anzusetzen.
Dieser wurde dem Belieben des Heermeisters selbst überlassen, demselben aber zugleich aufgegeben, die rück-
ständigen Respons-Gelder mit zu übersenden, worauf
der Kurfürstl. und Gräfl. Schwarzenbergische Rath
H. Heselos abgeschickt wurde, der nun nicht allein

die letzte, sondern auch die Wahl der früher vorange=
gangenen Heermeister, Markgrafen von Branden=
burg bestätigte.

Um seine Toleranz in Glaubenssachen zu zeigen —
hatte doch selbst der kaiserliche Generalissimus Wal=
lenstein protestantische Kirchen, z. B. in Sagan, er=
bauen lassen — schenkte Graf Schwarzenberg der
Ordenskirche zu Sonnenburg einen Marmor=Altar mit
folgendem Briefe:

Veste, Hochgelahrte Rechte und
liebe Getreuwe.

Euch bleibet hieburg unverhalten, daß vor etlichen
Jahren alhie in der Schlos=Capellen ein schonner
Altar von Marmel und Holz fein ausgeschnitzet,
abgebrochen worden. Wan dan derselbe nir mer
an diesem Orte geachtet wirde, so hab ich ihn
ausgebeten, und werde denselben Altar auf zwei
Rustwagen bis gen Chistrin schicken, von dannen
kan er zu Wasser vort gebracht werden. Als
wollet etwa einen feinen bequemen Platz darzu
aussetzen, wo dieser Altar stehen kann, etwa zu
Sonnenburg oder zu Grunenberg oder zu Rawen=
dorf in der Kirgen. Weiler aber Sonnenburg die
rechte Residenz ist, so sollte ich am liebsten sehen,
er werde allda aufgerichtet, da dann in der Kir=
gen wohl wirdt Platz zu vinden sein. Es kumpt

8*

mit der Baumeiſter und der Steinmetzer, die
dieſen Altar gleich aufrichten ſollen, ir werdt inen
ſo viel eyſen zu Handt ſchaffen, als ſie haben
müſſen, den Altar zu befeſtigen, und ſo lange
ſie dar ſein, ſollen ſie geſpeiſet werden. Die
Vererrung wil ich hie geben.

Collen an der Spree   Adam, Graf von
    am 27. Juli 1626.   Schwarzenberg.

Bis zum Jahre 1626 war die Neumark und der
Orden von den eigentlichen, furchtbaren Uebeln des
dreißigjährigen Krieges verſchont geblieben, aber ſeitdem
wurden bis 1640 die mittlern Obergegenden faſt ununterbrochen der Hauptplatz des Krieges, der Verwüſtung,
der Verheerung, der Seuchen und des Mordes. Es
iſt uns zwar wenig, den Orden Betreffendes aufbewahrt
worden, allein es wird berichtet, daß am 4. November 1630 in Berlin ein Ordenskapitel gehalten worden,
in welchem beſonders über die „vielen den Orden damals betroffenen Kriegsunfälle berathſchlagt“ und der
Komthur und Vogt zu Schievelbein, Georg von
Winterfeld zum Ordens-Senior erwählt worden.

Als im Jahre 1631 König Guſtav Adolph
von Schweden die Neumark und Frankfurt eingenommen
hatte, belegte er aus Haß gegen den Grafen von
Schwarzenberg, den er für einen Verräther im
Solde des Kaiſers hielt, die ſämmtlichen Ordensgüter

in der Neumark mit Beschlag und verschenkte das in Pommern gelegene Ordensamt Kollin. Wahrscheinlich hörte nach des Königs Tode dieser Beschlag wieder auf. Uebrigens schweigen alle Ordensnachrichten, das Kriegsunglück und das Elend waren zu groß, als daß Jemand Lust gehabt hätte, etwas aufzuschreiben. Nur das wird berichtet, daß des Grafen von Schwarzenberg Sohn, Johann Adolph, 1635 in den Orden aufgenommen, mit der Komthurei Wildenbruch begabt und am 15. April 1640 auf einem Kapitel zu Spandau, wo auch vier kurfürstliche Abgeordnete, Balthasar von Marwitz, Balthasar von Dequeda, Sebastian Stirpe und Mathias Wesenbeck zugegen waren, zum Koadjutor erwählt wurde. — In den Orden wurden unter dem Grafen Adam von Schwarzenberg folgende Ritter aufgenommen:

1625. Konrad von Burgsdorf, Oberst, Komthur zu Lagow und Ober-Kammerherr. Burchard von Goldacker, Komthur zu Werben.

1626. Georg Ehrenreich von Burgsdorf, Kurfürstlicher Kammerherr, Oberst, Komthur zu Süplingenburg.

1635. Joh. Adolph, Graf von Schwarzenberg, des Heermeisters Sohn, nachher Koadjutor.

Dabid von Marwitz, Hauptmann zu
Sonnenburg.

Hennig von Grüffow, fächfischer Oberft.

Baftian von Waldow, fchwarzenber=
gifcher Hofjunker.

Uebrigens war bereits Kurfürft Georg Wilhelm
am 1. December des Jahres 1640 geftorben; fein
Sohn und Nachfolger, Friedrich Wilhelm, der
berühmte „große Kurfürft", war dem Günftlinge
feines Vaters, dem Grafen von Schwarzenberg,
keinesweges fehr gewogen, und hätte ihn wahrfcheinlich
noch zur Rechenfchaft gezogen, wenn er nicht bald
nachher (den 4. Mai 1641) zu Spandau verftorben
wäre. Hierauf machte der jüngere Graf Johann
Adolph von Schwarzenberg als erwählter und
beftätigter Koadjutor Anfpruch auf die Nachfolge im
Heermeifterthume und fchrieb nicht allein fchon den
15. Auguft 1642 als Heermeifter an die Ordensregie=
rung, wie fich diefelbe zu verhalten hätte, fondern auch
der Kaifer und der Großprior von Heitersheim ver=
wendeten fich für ihn beim Kurfürften.

Auf der andern Seite aber erklärte die Krone
Schweden, fie würde die Ordensgüter auf keinen
Fall reftituiren, die in ihrem Befitze wären, wenn der
jüngere Graf von Schwarzenberg Heermeifter
würde. Aber der Kurfürft ließ fich dadurch nicht irre
machen, ließ die Wahl von 1640 genau unterfuchen,

worauf es sich ergab, daß es eine untergeschobene Ur=
kunde*) und die Wahl also eine unregelmäßige gewesen.
Dabei beruhigte sich natürlich Graf Schwarzenberg
nicht, sondern er veranlaßte ein Kaiserliches Inhibito=
rium aus Speier, den 13. November 1643. Dadurch
wurde die Wahl bis zum Jahre 1649 aufgeschoben,
bis sich Graf Schwarzenberg mit dem Orden ver=
glich und förmlich auf das Heermeisterthum Verzicht
that. Gleichwohl dauerte die Vacanz noch bis zum
Jahre 1652, also ganzer elf Jahre, während welcher
Zeit der Orden vom Senior und dem Kapitel verwaltet
wurde.

Im Jahre 1648 war endlich der dreißigjährige
Krieg durch den westphälischen Frieden beendigt. In
diesem Friedensschlusse mußten manche geistliche Güter,
welche eingezogen wurden, als Entschädigung dienen.
Während dieser Vacanz gingen auch dem Orden die
mecklenburgischen Komthureien Mirow und Nemerow
verloren. Schon 1646 wurde durch den Tod des
Komthurs Hennig von Grüssow die Komthurei Ne=
merow erledigt. Daher ersuchte der Herzog Adolph
Friedrich von Mecklenburg den Kurfürsten Frie=
drich Wilhelm von Brandenburg, diese Komthurei

---

*) Er hatte vom Kurfürsten Georg Wilhelm Cartes blan=
ches, d. i. Papiere mit des Kurfürsten Namen unterschrieben,
auf welche dann später der Inhalt geschrieben wurde, ohne daß
dieser dem Kurfürsten bekannt war.

seinem unmündigen Vetter, Gustav Adolph zu Gü=
strow, zu ertheilen, wobei er schriftlich die Versicherung
gab, der junge Herzog solle in den Orden treten und
Alles leisten, was er dem Orden zu leisten schuldig wäre.

Obwohl nun die Herzöge von Mecklenburg den in
Betreff der Komthurei Mirow gemachten Vertrag schlecht
gehalten, so erfüllte doch der Kurfürst die Bitte der
Mecklenburger Herzöge. Dagegen trat der junge Her=
zog weder in den Orden, noch führte er die Respons=
Gelder ab, noch erfüllte er seine sonstigen Pflichten ge=
gen den Orden. Ja im westphälischen Friedensschlusse
wurden beide Ordens=Komthureien, Mirow
der Schwerinschen und Nemerow der Güstrow=
schen Linie von Mecklenburg als freies Eigenthum zu=
gesprochen. Aller Widerspruch des Ordens dagegen
war vergeblich.

Auch die Komthurei Wildenbruch kam in Folge
des westphälischen Friedensschlusses vom Orden ab und
fiel an die Krone Schweden, wurde aber 1679 wieder
an Brandenburg überlassen und ist seitdem eine sehr be=
deutende Staats=Domaine, wozu früher bis 1679 auch
die Stadt Bahn gehörte.

Endlich, im Jahre 1652, wurde zur Wahl eines
neuen Heermeisters geschritten und auf besondere
Empfehlung des Kurfürsten Fürst Johann Moritz
von Nassau zu Siegen am 15. Juni zu Sonnenburg
gewählt. Gleichzeitig hatten sich mit ihm Markgraf

August von Baireuth und Markgraf Christian Wilhelm beworben. Fürst Johann Moritz war ein Enkel Johanns des Aeltern von Nassau, eines Bruders des großen Statthalters Wilhelms von Oranien in Holland. Schon hatte er sich großen Kriegsruhm in Brasilien gegen Spanier und Portugiesen erworben und war dann als Statthalter von Kleve in Brandenburgische Dienste getreten und hatte dies Amt mit großem Ruhme verwaltet. Am 9. December ward er zu Sonnenburg feierlich eingeführt.

Auch die Regierung des Ordens hat er mit großem Beifall des Kapitels und der ganzen Welt geführt Er versammelte dasselbe während seiner Regierung acht Mal und machte mit demselben allerhand heilsame Einrichtungen und brachte den Orden in solches Ansehen, daß sich die bedeutendsten Männer um Aufnahme in denselben bewärben. Es wurden daher während seiner Regierung elf große feierliche Ritterschläge gehalten, und fünf und siebenzig Fürsten, Grafen und hochverdiente Adelige in den Orden aufgenommen. Die verwüsteten Ordensgüter brachte er wieder in besseren Stand und bevölkerte sie wieder. Die Bürger der Stadt Sonnenburg befreite er gegen einen mäßigen Bürgerzins von ihrer seitherigen Dienstbarkeit (1658). Das dasige Ordens=Residenz=Schloß bauete er neu groß und prächtig von Grund aus auf, legte darin den großen und prächtigen Rittersaal, die Ordenskanzlei und das Archiv an, restaurirte auch die Ordenskirche und schmückte sie mit den Zierrathen aus, die im Reformationszeitalter im übertriebenen Glaubenseifer aus dem Berliner Dome genommen waren, deren Gebrauch ihm aber überlassen war. Er traf die Einrichtung, daß man den Prediger allenthalben sehen konnte; auch wurden an beiden Seiten des Altars die Tafeln befestigt, auf welchen die Wappen und Namen sämmtlicher Heermeister befindlich waren. Oben auf dem Altare wurde ein kunstvoll gearbeitetes Kreuz und das Kurbrandenburgische Wappen mit der Inschrift: Patronus Ordinis angebracht. Endlich ward daselbst noch das Fürstenchor mit dem Brustbilde des Fürsten eingerichtet. Alle diese Bauten ließ der Fürst durch den Baumeister Rüquard ausführen. Am 14. April 1814 brannte die schöne gothische Kirche mit den Abbildungen der Wappen nebst 62 Häusern ab. Alle Ordens-, Kirchen- und Schuldiener bekamen durch ihn verbesserte Wohnungen und Gehalte. Er starb am 20. December 1679 zu Bergenthal bei Kleve, nach ein und zwanzigjähriger preiswürdiger Regierung.

Nun trat wieder eine zehnjährige Vacanz ein, während welcher der Ordens-Senior, Fürst Georg Friedrich von Waldeck, mit dem Kapitel die Ordens-Regierung versah. Dieser Fürst hatte wohl die nächsten, nicht leicht zu übergehenden Ansprüche auf die Heermeisterwürde, aber der große Kurfürst scheint ihm nicht gewogen gewesen zu sein, oder andere Absichten mit dem Heermeisterthum gehabt zu haben. *)

Fürst Georg Friedrich von Waldeck und Pyrmont wurde endlich 1689 bis 1692 Heermeister. Merkwürdiges fiel in dieser kurzen Zeit nicht vor, doch wurden an den beiden Kapiteltagen unter seiner Regierung, im December 1689 und im März 1691, zusammen 25 Ritter in den Orden aufgenommen. Unter diesen waren die ausgezeichnetsten: Herzog Ludwig Rudolph von Braunschweig, zu Süplingenburg, der berühmte Staatsminister und Dichter von Kanitz, der General von Sparr und der sächsische General-Feldmarschall von Flemming.

Am 22. Februar 1693 schritt man zu einer neuen Wahl. Von den kurfürstlichen Abgeordneten, dem Staatsminister von Fuchs, dem Geheimen Hof- und Kammergerichts-Rath von Webell und dem Feldmarschall von Flemming, Komthur zu Schievelbein, wurde der Markgraf Karl Philipp zur Wahl vorgeschlagen und von den vier Kapitels-Komthuren, dem

----

*) Er war 1656 Komthur zu Lagow und wohnte als Brandenburgischer General der Schlacht bei Warschau bei, ging 1657 wider des Kurfürsten Willen in schwedische Dienste, weshalb er die Komthurei verlor. Nach dem Frieden von Oliva 1662 erhielt er sie wieder. Beim Tode des Heermeisters Moritz von Nassau war er Kaiserlicher Feldmarschall. Erst nach des großen Kurfürsten Tode (1686) ward er Heermeister.

Senior und Komthur zu Lietzen, Adam Georg von Schlieben, Ernst von Krockow zu Wietersheim, Christ. Bernh. von Waldow zu Werben und Otto Baron von Schwerin zu Lagow erwählt. Auch dieses Markgrafen Heermeisterthum dauerte nicht lange, da derselbe am 13. Juli 1695 bei der Belagerung von Casal in Italien starb. Doch wurden unter ihm neunzehn neue Ritter aufgenommen.

Auf dem Kapiteltage vom 17. März 1696 wurde von den vorbenannten Kapitels=Mitgliedern Markgraf Albrecht Friedrich erwählt, dessen Regierung bis 1731, also sechs und dreißig Jahre dauerte; unter ihm traten neun und vierzig neue Mitglieder in den Orden.

Nun folgte als Heermeister Karl, Prinz von Preußen und Markgraf, von 1731 bis 1762. König Friedrich I. hatte, als Beschützer und Patron des ritterlichen St. Johanniter=Ordens in der Mark, Sachsen und Wendland, auf den 15. August einen General=Kapitelstag nach Sonnenburg zur Neuwahl eines Heermeisters ausschreiben lassen und denselben durch den Wirkl. Geheimen und dirigirenden Staats= und Kriegsminister von Viebahn, den Geheimen Ober=Finanz=, Kriegs= und Domainenrath von Marschall als königliche Bevollmächtigte beschickt. Zu diesem General=Kapitel fanden sich am Abende vor der Wahl ein: 1) in Vollmacht des hochwürdigsten, durchlauchtigsten

Fürsten und Herrn, Christian Ludwigs, Königl. Hoheit, als Seniors und Komthur zu Lagow, der Wirkl. Geheime Rath und Staatsminister Herr Adam Otto von Viereck, als designirter Komthur von Lagow; 2) im Namen Sr. Durchlaucht zu Wolfenbüttel Herzogs Rudolph Ludwigs, als Komthur zu Süplingenburg, der Dompropst und designirte Komthur zu Wietersheim, Johann Heinrich von Bredow; 3) in Vollmacht des Komthurs zu Schievelbein, Königl. Geheimen Raths und Neumärkischen Kriegs- und Domainenkammer-Präsidenten Gisbert von Bodelschwingh, Herr Ernst Christian von Münchow als designirter Komthur zu Lietzen; 4) in Vollmacht des Komthurs und Landraths Alexander Bernhard Freiherrn von Spär, der designirte Komthur zu Werben und Oberstlieutenant Gustav von Münchow, und 5) im Namen des Geheimen Staats-Ministers, Komthurs von Werben, Friedrich von Trettow, der Königl. Kammerherr und designirte Komthur zu Süplingenburg, August von Wilchenitz. Die Königlichen Abgeordneten kamen gegen Abend und wurden auf dem Schlosse von den Ordensmitgliedern empfangen. Auch trafen noch an demselben Abende des verstorbenen Heermeisters ältester und jüngster Sohn, Prinz Karl, der zum Nachfolger seines Vaters designirt war, und Prinz Friedrich Wilhelm in Sonnenburg ein, welcher letztere die Aufnahme in den Orden verlangt hatte.   Beide Prinzen nahmen auf dem Schlosse ihren Aufenthalt.

Am folgenden, dem eigentlichen Wahltage, wurden zuerst die Krebitive von beiden Seiten ausgewechselt und richtig befunden, gegenseitige Komplimente gemacht *) und von den Königl. Kommissarien Prinz Karl und — zum Scheine — der Staatsminister Friedrich von Trettow vorgeschlagen, dann wurde der Wahleid vorgelesen und nachgesprochen: „Wir schwören, daß wir nach altem Gebrauch unsers ritterlichen Ordens, und wie es auf die Nomination die Herrschaft Brandenburg in dieser Ballei von Alters her gehalten worden, einen Meister einhellig zu erwählen, der da der Herrschaft und dem ritterlichen Orden getreu sein, und wohl vorstehen soll, daß wir auch Alles, was im Kapitel unter uns beschlossen und · verhandelt wird, beim Schlusse ohne Erlaubniß unsers künftigen Meisters nicht eröffnen, auch dem jetzigen Meister, so wir uns jetzt erwählen, gehorsam und treu sein wollen und sollen, wie solches Ordensbrüdern vermöge unsers Herkommens gebühret, als uns Gott helfe, durch Jesum Christum, unsern Herrn, Amen."

Hierauf wurde dem Küster befohlen, zwei Mal nach einander mit der gewöhnlichen Glocke · und das

____

*) Wir glauben, es wird unsern Lesern nicht unangenehm sein, wenn wir diese Heermeister-Wahl etwas ausführlicher beschreiben.

dritte Mal mit allen Glocken zu läuten, um dadurch das Zeichen zur Prozession aus dem Kapitel in die Kirche zu geben. Diese geschah nun in folgender Ordnung unter dem Geläute aller Glocken. Voran als Marschall mit dem Marschallsstabe der Lieutenant von Knobelsdorf auf Kunersdorf; vier Ordensvasallen, paarweise; die beiden Ordens = Regierungs = Räthe Groote und Richter; die beiden Hof= und Ordens= Räthe Jänichen und von Bentheim; der Ordens= kanzler Freiherr von Geuder im Ordenskleide; der zweite Marschall mit dem langen Marschallsstabe Hauptmann von Röckeritz auf Hildesheim; hinter diesem vier Paar Ritter, der Lieutenant von Barde= leben und der Kammerjunker von Wilkenitz, der Kammerherr von Wilkenitz und der Landrath von Selchow, der Ordenshauptmann von Beerfelde und der Major von Löben, der Präsident von Münchow und der Domprobst von Brebow; end= lich der Bevollmächtigte des Ordens = Seniors Staats= Minister von Viereck, alle im Ordenskleide ohne Degen; darauf der dritte Marschall Herr von Luck auf Schönow, dem die beiden Königlichen Kommissarien folgten; hierauf die übrigen Ordensbrüder und Ordens= diener paarweise. Beim Eintritt in die Kirche scholl der Prozession das: Veni sancte Spiritus entgegen. Als der erste Marschall bis zum Altar gekommen war, wandte er sich mit den ihm zunächst folgenden Vasallen,

Räthen und Kanzlern links wieder zur Kirchthüre und verließ mit ihnen die Kirche, dasselbe that der dritte Marschall mit seinem Gefolge; die letzteren gingen darauf auf das sogenannte Fürstenchor, die ersteren kehrten auch zurück und stellten sich hinter und in die Predigerstühle. Der zweite Marschall führte die ihm folgenden Herren zum Altare hinan, stellte sich selbst zu Seite, während sich die Ritter links und rechts vom Altare niedersetzten. Nach Beendigung des Liedes: Veni sancte Spiritus ward vor dem Altare von dem Inspector von der Schulenburg eine Collecte und eine kurze Rede gehalten, dann der letzte Vers jenes Liedes gesungen. Hierauf führte der zweite Marschall die bevollmächtigten Komthuren unter Vortritt des Kanzlers und der Ordensräthe in die Sakristei, die von einem Ordens-Kanzellisten, nachdem ein Tisch darin mit Feder, Papier und Tinte wohl versehen war, verschlossen wurde; die übrigen Ritter blieben auf ihren Sitzen.

Sobald die Bevollmächtigten im Conclave über die Wahl einig waren, ließen sie den Ordenskanzler rufen und beauftragten ihn, den Königlichen Bevollmächtigten die geschehene einstimmige Wahl mitzutheilen. Dieser ging in Begleitung der Ordensräthe auf das Fürstenchor und erfüllte dort seinen Auftrag; hierauf begaben sich die Gesandten in's Conclave oder in die Sakristei, voran die Edelleute, der Kanzler und die

Räthe, die ersten blieben vor der Sakristei stehen, Kanzler und Räthe folgten. Nun ward die Sakristei abermals geschlossen und den Gesandten durch den Bevollmächtigten des Ordens-Seniors, Staatsminister von Viereck, die geschehene Wahl in folgender Rede angezeigt:

„Ew. Excellenz und Hochwohlgeboren hat Capitulum anhero bemühen sollen, um deroselben zu eröffnen, daß, nachdem die in der Präsentation angebrachten Bewegungsgründe vollkommen erheblich befunden worden, die Stimme des Capituli einmüthig dahin ausgefallen, daß Ihro Hoheiten der Markgraf Karl zum Heermeister des Johanniter-Ordens erwählet worden, und gleichwie nun Sr. Königl. Majestät Allerhöchste Intention dadurch erreichet, als danket Capitulum Allerunterthänigst, daß Ihro Königl. Majestät der löblichen Gewohnheit gemäß ein Mitglied aus dem gremio Capituli Allergnädigst mitpräsentiren lassen. Ew. Excellenz und Hochwohlgeboren ersucht Capitulum übrigens, gelegentlich Ew. Majestät davon gütigst zu referiren, dafür zu sorgen, daß die Reversalen für des zukünftigen Herrn Heermeisters Hoheiten nach dem gewöhnlichen Stylo vollzogen und Alles, was die alte Observanz sonst erfordert, gebührend beobachtet werde. Schließlich recommandiren wir nochmals den Orden und dessen Membra zu des Allergnädigsten

Patroni Huld und Gnade mit Bitte, zu derselben Beibehaltung noch Ew. Excellenz und Hochwohlgeboren Vielvermögenheit jederzeit gütigst zu corporiren."

Hierauf wurde das Lied: „Nun danket Alle Gott" angestimmt und gegen den Schluß desselben in Prozession in vorbeschriebener Weise in's Schloß zurückgekehrt, woselbst man dem Prinzen Karl die auf ihn gefallene Wahl anzeigte. Nun begann eine zweite Prozession unter dem Geläute aller Glocken; voran die Pauker und Trompeter, welche vor der Kirchthüre neben der Schule stehen blieben und so lange musicirten, bis der ganze Zug in der Kirche war. Hierauf folgte der erste Marschall Lieutenant von Knobelsdorf mit zwei Vasallen, von denen der eine auf einem schwarzsammtnen Kissen die Schlüssel zum Schlosse und den Archiven, der andre das Verzeichniß der Ordensinventaria trug, und diesen folgten zwei andere Vasallen, einer mit einem Kissen, auf welchem das Heermeister-Kreuz lag, der andre mit dem schwarzsammtnen Heermeister-Mantel. Dann folgte der zweite Marschall von Löckeritz mit den Räthen Groote und von Bentheim, diesen der Ordenskanzler mit dem Ordenssiegel in schwarzsammtnem Beutel, hierauf die bevollmächtigten Komthuren und der Bevollmächtigte des Ordensseniors; dann endlich hinter dem dritten Marschall der neu erwählte Heermeister im

Johanniter = Ritter = Mantel, dem Hute mit der weißen Feder, und zuletzt .die andren Ordensbrüder und Ordensleute. Der neue Heermeister wurde, während alle übrigen Personen ihre alten Plätze wieder einnahmen, vor den Altar geführt, an beiden Seiten ein Komthur = Bevollmächtigter, worauf der Inspector von Schulenburg wieder am Altar ein Gebet verrichtete; unterdessen kniete der neue Heermeister mit seinen beiden Assistenten nieder, stand dann auf und drehete sich um, worauf ihm der Mandatarius des Seniors entgegen ging und ihn folgendermaaßen anredete:

„Ew. Königl. Hoheit werden sich gefallen lassen, dem ritterlichen Johanniter = Orden die gnädigste Versicherung zu geben, daß Sie, als Haupt desselben, des Ordens wohlhergebrachte Rechte und Herlichkeiten bestens beachten und sich nach Anleitung des Stabilamenti ordinis überall verhalten wollen." Hierauf nahm der Ordenshauptmann von Beerfeld das Schwerdt vom Altare, reichte es dem Mandatarius Senioris, welcher die Spitze desselben in die Höhe hielt; der Heermeister legte die beiden Vorderfinger auf den Knopf und leistete so nachstehenden Eid: „Wir Karl, Prinz in Preußen, Markgraf in Brandenburg ꝛc., des ritterlichen St. Johanniter = Ordens in der Mark, Sachsen, Pommern und Wendland Meister schwören, zuerst Sr. Königl. Majestät in Preußen und Kurfürstl. Durchlaucht zu Brandenburg und Ihro

Majestät Nachkommen am Königreich und Kurfürsten=
thum, als unter welchem wir residiren, und darnach
dem ritterlichen Orden gehorsam und getreu zu sein,
deroselben Schaden vorzukommen und Bestes zu wis=
sen 2c." Hierauf vertauschte er das Ritter=Kreuz und
den Rittermantel mit dem Meister=Ordens=Kreuze und
Meistermantel, und empfing vom Bevollmächtigten des
Seniors das Schwerdt. Nun wurden die bis dahin
verschlossenen Kirchthüren geöffnet und unter Pauken=
und Trompetenschall die neue Wahl publicirt und dann
die Schlüssel vom Vicesenior überreicht. Endlich folgte
noch eine Beglückwünschungsrede des Ministers von
Viereck, welcher als ein besonders glückliches Zeichen
hervorhob, daß dieser Tag gerade des Königs Geburts=
tag war.

Nach diesen Feierlichkeiten wurde noch das Te
deum gesungen, hierauf ging die Prozession in der=
selben Ordnung zurück, wo dann die Huldigung erfolgte
und zuletzt zur wohlangerichteten Tafel geblasen wurde.

An demselben Abende, Abends gegen sieben Uhr,
kam der König von Küstrin zu Wasser in Begleitung
des Generals und Ministers von Grumbkow und
seines General=Adjudanten von Derschow, um dem
am folgenden Tage statthabenden solennen Ritterschlage
beizuwohnen. Er wurde vom neuen Heermeister aufs
ehrfurchtvollste empfangen und von den andern Gästen
aufs unterthänigste bewillkommnet. Bald darauf begaben

sich Ihre Majestät mit der nombreusen Anzahl fürst-
licher, gräflicher und andrer Standes-Personen zur
Tafel und dann in ihre Gemächer, und schliefen in
demselben kleinen Schlafgemache, in welchem König
Friedrich I. beim Ritterschlage 1704 geschlafen hatte.

Am folgenden Tage erfolgte der feierliche Ritterschlag von 42 Rittern und am 20. September desselben
Jahres noch einmal die Aufnahme von drei Rittern, und
in den Jahren 1735, 1736 und 1737 von sechs
und zwanzig, funfzehn und sieben und zwanzig Rittern,
so daß der Orden unter der Herrschaft des Prinzen
Karl von 1731 bis 1762 nicht weniger als 115
neue Mitglieder erhielt.

Beim Ausbruche des siebenjährigen Krieges
erhielt der Heermeister Markgraf Karl ein Kommando
und ging am Ende des Augustmonats 1756 zu Felde,
bei welcher Gelegenheit er den Hof- und Ordens-Re-
gierungsrath Hasse mit sich nahm, um die Angelegenheiten des Ordens zu besorgen. Wir übergehen hier die
ruhmwürdigen Kriegsthaten dieses eben so tapfern als
umsichtigen Generals und bemerken nur, daß er im
Laufe dieses Krieges am 20. Juni 1762 zu Breslau
starb.

Zur Wahl eines neuen Heermeisters schrieb der
ruhm- und siegsgekrönte Held des Jahrhunderts, König
Friedrich der Große, einen Kapiteltag nach Sonnenburg auf den 13. September 1762 aus. König-

liche Bevollmächtigte waren der Staats-Minister Graf Heinrich IX. von Reuß und der Kammergerichts-Präsident von Fürst, welche dem Kapitel den Markgrafen August Ferdinand und den General-Lieutenant und Ordens-Senior Grafen von Wartensleben präsentirten. Der Prinz war schon am 11. September mit seiner Gemahlin, der Prinzessin Amalie, dem Herzoge Karl von Württemberg nebst dessen Gemahlin und vielen hohen Herrschaften in Sonnenburg eingetroffen. Von Seiten des Ordens waren gegenwärtig: der Ordens-Senior, General-Lieutenant, Komthur zu Schievelbein, Graf von Wartensleben, der Oberst Freiherr von Reisewitz, Komthur zu Werben, der Oberst Graf von Wartensleben*), Komthur zu Lagow, der Kammergerichts-

---

*) Der Graf von Wartensleben war seit 1761 Komthur zu Lagow. Aus einem alten Zielenziger Kalender wollen wir von ihm etwas Besonderes anführen. Am 3. März 1761 wurde vom Zielenziger Magistrate und Hofgerichte nebst den Stadt-Aeltesten und den Deputirten der vier Gewerke Ihro Excellenz dem Herrn Komthur Hochwürden, Grafen von Wartensleben auf dem Schlosse zu Lagow gehuldigt und der Eid der Treue geleistet, und am 9. März ist der Herr Komthur hier in Zielenzig einpassirt und bei dem Bürgermeister Herrn May abgestiegen. Zum Empfange Ihro Excellenz waren 16 Mann zu Pferde bis Tauerzig entgegen geritten und begleiteten dieselben bis in die Stadt und zum Hause des Bürgermeisters. Auf dem Markte war die Schützengilde im vollen Gewehr und noch viele andere aus der Bürgerschaft und gaben unter Trompeten- und Paukenklang drei volle Salven. Hernach zogen alle Mann-

Präsident Freiherr von Görne in Vollmacht des Herzogs Ludwig von Braunschweig, Komthur zu Süplingenburg, und der Kammerherr, Freiherr von Hertefeld, in Vollmacht des Prinzen Heinrich von Preußen, Komthur zu Lietzen. In der gewöhnlichen hergebrachten Weise wurde Prinz Ferdinand einstimmig zum Heermeister gewählt. Nachdem dies Alles vollbracht war, ward zur Tafel geblasen und die Versammlung aufs prächtigste, fürstlich tractirt. Am folgenden Tage war großer feierlicher Ritterschlag, wodurch einundfunfzig und im Jahre 1764 einundachtzig, zusammen also 132 neue Ritter aufgenommen wurden. Die Zahl der seit 1550 bis 1764 aufgenommenen Ritter betrug im Ganzen 521, davon kamen auf die beiden letzten Heermeister allein 247.

Prinz August Ferdinand war der dreißigste und letzte Heermeister des Johanniter-Ordens zu Sonnenburg, dem zu Anfang dieses Jahrhunderts der Bruder des hochseligen Königs, Prinz Friedrich Heinrich Karl als Coadjutor beigegeben wurde. Prinz Ferdinand starb 1811, nachdem er aufs väterlichste für alle Ordensdiener bei Auflösung des Ordens gesorgt hatte, was mit der hochherzigen Gesinnung des Königs Friedrich Wilhelm III. völlig überein-

---

schaften zum Hause des Bürgermeisters die lange Gasse hinauf wieder auf den Markt, wo sie unter Trompeten- und Pauken-Schall noch eine vierte Gewehrsalve gaben.

stimmte. Alle Ordensbeamte behielten ihr volles, meist gutes Gehalt, selbst wenn sie, im Dienste noch nicht invalide, denselben verlassen wollten. Seit der Stiftung des neuen preußischen Johanniter-Ordens, den 23. Mai 1812, war Prinz Heinrich der Großmeister dieses Ordens.

Holen wir nur noch einige Punkte nach, die wir entweder gar nicht oder nur ganz kurz andeutungsweise im Laufe unserer Darstellung erwähnt haben.

Die Kurfürsten von Brandenburg und nachher die Könige von Preußen waren Patrone des Ordens. Die erste Spur dieses Patronats finden wir schon in dem Vergleiche, welchen Markgraf Waldemar 1318 mit Paul von Mulina, Komthur zu Erfurt und Visitator in Deutschland und Böhmen rücksichtlich des Anfalls der Tempelherrngüter an den Johanniter-Orden abschloß. Dieses Patronat stammt nun nicht allein daher, daß die meisten Güter des Ordens in den kurfürstlichen Landen lagen, sondern es ist auch auf besondere kaiserliche und päpstliche Privilegien begründet. Namentlich wurde das Heermeisterthum auf dem Koncile zu Kostnitz vom Kaiser Siegmund dem Schutze des Kurfürsten Friedrich I. überwiesen. Art. XII. des westphälischen Friedensschlusses heißt ausdrücklich: „ut dicti Ordinis consen-

sum ipsi procurare, eidemque nec non domino Elec-
tori Brandenburgico, tanquam ejus patrono, quoties-
cunque casus evenerit, hactenus praestari solitu,
porro quaque praestare teneuntur." Damit kam der
Gebrauch auf, daß die Brandenburgischen Regenten
allemal wenigstens zwei Personen zur erledigten Heer-
meisterwürde präsentirten. Ob nun gleich mehrere zum
Heermeisterthum gehörige Güter in andern deutschen
Staaten liegen, so sind diese doch nicht als Lehne derselben anzusehen, sondern freies Eigenthum des Ordens.
Doch leistete der Heermeister dem Kurfürsten von
Sachsen wegen Friebland und Schenkendorf in der
Lausitz die Huldigung, und zu Lübben in der dortigen
Amtsregierung war die zweite Instanz für dieselben,
wie die Regierung zu Küstrin für die Mark. Der
Heermeister war, besonders nach Aufhebung der Bis-
thümer zu Lebus, Brandenburg und Havelberg, der
vornehmste Prälat und Landstand in der Mark, hatte
alle Komthureien unter sich und die hohe und niedere
Jurisdiction. Sein Ornat war ein am schwarzen
Bande um den Hals vor der Brust hängendes golde-
nes, weiß emaillirtes achteckiges *) großes Ordenskreuz,

---

*) Das Johanniter-Kreuz war achteckig, weil dadurch an-
gedeutet werden sollte, daß ein christlicher Ordensritter sich ritterlich verhält, und nach seiner Ordensregel in Gottseligkeit,
Tapferkeit und Tugend unverändert einhergeht, der acht Se-
ligkeiten theilhaftig werde, welche bestehen: 1. in geistlicher

ein schwarzsammtner, bis auf die Erde herabgehender und mit einer Schleppe versehener Mantel, auf welchem an der linken Seite das Ordenskreuz von weißem Atlas war; eine schwarzsammtne Superweste mit einem großen über die ganze Brust sich erstreckenden weißen Kreuze, ein sammtner Hut mit aufrechtstehenden weißen Federn und goldene Sporen.

Komthure oder Kommenbatoren waren die= jenigen Ordensritter, denen Ordensgüter anvertraut sind; sie bekamen diejenige Komthurei, auf welche sie in ihrem Primario designirt sind. In wichtigen, schleuni= gen Fällen waren die Beschlüsse des Meisters mit den der Ordensresidenz vier nächsten Komthuren gültig. Jeder Komthur zahlte jährlich auf Johannistag ·nach Sonnenburg 30 Goldgulden, welches bei der verschie= benen Berechnung der Goldgulden nachher in 50 Rthlr. umgewandelt wurde, Responsgelder; wer säumig war, sollte das Doppelte zahlen; ·doch fanden manche Aus= nahmen, besonders in den Zeiten ·des dreißig· und siebenjährigen Krieges statt. Die residirenden Komthure trugen einen schwarzen dammastenen Mantel mit einem

---

Armuth, 2. in Sanftmuth, 3. in geistlicher Traurigkeit, 4. in Hunger und Durst nach Gerechtigkeit, 5. in mitleibiger Barm= herzigkeit, 6. in Herzensreinigkeit, 7. in stiller Friedsamkeit, und 8. in Gebuld und Leiden um der Gerechtigkeit. Sonst sind die Winkel des Kreuzes auch noch mit gewissen Landeswappen ver= sehen: die französischen Ritter hatten vergoldete Lilien, die Bran= benburgischen goldene Adler barin.

weißen Kreuze von Taffet auf der linken Seite, ein größeres goldenes Kreuz als die Ritter und konnten ihr Wappen auf das Kreuz legen lassen. Der Ordensmeister hatte das Prädicat „Hochwürdigster," die Ritter bekamen das Prädikat „Hochwürdige."

Wollte Jemand in den Orden aufgenommen werden, so mußte er sich schriftlich beim Heermeister melden und die Aufnahme nachsuchen. Nicht Jeder wurde aufgenommen, er mußte fürstlichen, gräflichen oder adeligen Geschlechts sein und „allerhand rühmliche Qualitäten und Meriten und sich entweder im Krieg oder Frieden um die brandenburgischen oder die deutschen Lande, oder um die christliche Religion Verdienste erworben haben, oder es mußten Personen sein, von denen man gegründete Hoffnung künftiger Meriten haben konnte, oder deren Väter sich verdient gemacht hatten. Dann erfolgte die Ahnenprobe, die von vier glaubwürdigen, im Lande angesessenen Leuten vom Adel beschworen wurde. Dies Alles wurde von der Ordensregierung sorgfältig geprüft, auch mußte der Aufzunehmende evangelischer Religion sein; war dies Alles in Ordnung, so erhielt er Exspectanz. Dies war eine schriftliche, in beglaubigter Form ausgefertigte Versicherung von der Aufnahme in den Orden beim nächsten Ritterschlage. In der Exspectanz wird ferner versichert, daß, wenn er die erforderlichen (achtzehn) Jahre erreicht und zum Ritter geschlagen sei, er investirt und mit einem Primario auf

eine Komthurei solle versehen werden, jedoch erst auf
den Todesfall oder freiwillige Resignation des daselbst
restdirenden Komthurs und Anderer, welche vor ihm
mit Primarien und Erspectanzen versehen waren. Na=
türlich sahen nun die Erspectanten dem Ritterschlage
jedesmal mit großem Verlangen entgegen.

Der Ritterschlag und die Einkleidung geschahen
öffentlich in der Ordens=Residenz=Kirche zu Sonnen=
burg. Die Hauptpunkte des Ritterschlages waren
folgende: Der Aufzunehmende bittet von dem Heer=
meister oder dessen Bevollmächtigten knieend um Er=
theilung des Ordens und nachdem ihm dies bewilligt
war, mußte er sich dem Orden durch einen Eid ver=
pflichten. Wenn dieser abgelegt war, so empfing er,
gleichfalls vor dem Altare knieend, vom Heermeister
drei Schläge mit dem Ordensschwerdte, wobei dieser die
Worte sprach: „Besser Ritter, als Knecht,"
worauf ihm der schwarz taffetne Ordensmantel mit dem
weißen Kreuze angelegt und das goldene Ordenskreuz
umgehängt wurde. Waren die Ritter sämmtlich ge=
schlagen, so stand der Heermeister von seinem Stuhle
auf, trat vor den Altar, das Gesicht nach der Versamm=
lung gewendet. Hierauf trat der erste Ritter vor den
Altar, knieete auf einem mit schwarzen Sammet beschla=
genen Bänkchen mit einem Knie, dankte für die empfan=
gene Gnade und Ehre, in den ritterlichen Orden auf=
genommen zu sein. Hierauf legte ihm der Heermeister

die Hand auf·den Kopf und sprach: „Ich wünsche ihnen Glück, Heil und Gottes Segen." Hiernach stand der Ritter auf, begab sich zum Senior, reichte ihm die Hand, so wie den Komthuren und andern Rittern und Ordensräthen, und so folgten alle Ritter auf einander, bis der erste wieder auf seiner Stelle neben dem Ordens= meister stand.

Nun las der Kanzler die Gesetze des Ordens laut vor, darunter war besonders in dem letzten Jahr= hunderte eines, daß alle Ordensverwandte ein und dasselbe Kreuz tragen sollen, wer dawider handelte, sollte 60 Rthlr. Strafe zahlen mit dem Zusatze, wenn dies ein Ordensritter sähe und nicht anzeige, so solle dieser in eine Strafe von 100 Rthlrn. verfallen. Im Ordens = Archive befanden sich Modelle für alle drei Arten der Ordenskreuze.

Von·den Beziehungen des Ordens nach Außen läßt sich aus dem letzten Jahrhunderte seines Bestehens wenig sagen. Seine Wirksamkeit nach Innen beschränkt sich auch wohl nur auf die Verwaltung seiner Güter und die feierlichen Ritterschläge. In seiner alten Form hatte er sich wohl überlebt. Der Werth der Ordens= güter war immer noch höchst bedeutend, besonders da der Grundbesitz immer mehr im Preise gestiegen war. Allein im Sternberger Kreise besaß der Orden noch im

Anfange des Jahrhunderts gegen 28,000 Morgen Wald. Zu den 42 Lehnpferden des Sternberger Kreises hatte der Orden in demselben für seine Güter sieben gestellt, was bekanntlich nachher in eine baare Abgabe verwandelt ward. Die übrigen Güter desselben waren: *)

Die Stadt Sonnenburg, damals mit 1639 Einwohnern und 249 Häusern, von welchen noch ein Drittheil (1802) mit Stroh gedeckt war; dazu gehörten die Dörfer Gartow, Heinersdorf, Laukow, Limmritz, Mauskow, Mekow, Oegnitz, Kriescht, Priebrow, Trebow; Grüneberg mit den Dörfern Grüneberg, Selchow, Zekerik, Güstebiese und Karlsbiese; Rampitz mit den Dörfern Rampitz und Kloppitz und das Komthurei-Amt Lagow mit der Stadt Zielenzig wohin die Dörfer: Lagow, Breesen, Burschen, Koritten, Langefeld und Langepfuhl, Lindow, Grunow, Malkendorf, Kirschbaum, Neu-Lagow, Petersdorf, Reichen, Seeren, Spiegelberg, Tauerzig, Tempel und Ostrow gehören; die Ordenslehns-Vasallen-Güter im Sternbergischen, als: Buchholz, Döbernitz, Grabow, Gräben, Hildesheim, Kl. Gandern, Leichholz, Barschsee, Kuners-

---

dorf, Kirschbaum, Lindow, Malchow, Matschdorf, Schönow, Selchow, Wandern, Ziebingen; Topper, Thamsel und Warnik. — In der Altmark: die Komthurei Werben mit Ländereien, Wiesen, Pächten und Zinsen aus benachbarten Ortschaften (Wartenberg, Behrendorf und Hindenburg) und 2000 Rthlr. Einkünften; seit 1798 war der Geheimräth von Jagow auf Anlosen im Besitz der Komthurei. — In der Mittelmark: Hakenow und Heinersdorf, Mariendorf, Marienfeld, Rixdorf, Tempelhof und Tempelberg. Im Braunschweigischen die Komthurei Süplingen und die Ortschaften Bornum, Haus Gartow, Remlingen, Rhoda und Warla; im Mecklenburgischen nur noch Rugenhagen. In Pommern: Brusewitz, Panstn, Sallenthin, Suckow, Wulkow und Zanzig; das Ordensamt Kollin mit Strevelow, Wittichow. In der Neumark: die Komthurei Schlevelbein mit Balsdrey, Bockenhagen, Gumtow, Lekow, Ruthhagen, Relep, Panzerin, Polchlep, Pribslaw, Rüzow, Simatzig, Technow, Wenzlowshagen; in der Kurmark die Komthurei Lietzen mit Marrdorf, Neuen Tempel und Dolgelin. In der Niederlausitz die Dörfer Buderosa, Griesen und Schenkendöbbern; das Ordensamt Schenkendorf, Groß-Gastrosa, Klein-Gastrosa und Lehnmann; Schlagsdorf, Sadersdorf, Taubendorf und Lehnmanner; das Ordensamt Friedland mit Leisnitz, Zeubst, Missdorf,

Groß= und Klein=Mukrow, Koschwitz, Steudnitz und Oelsen. Die Ordenskammer mit ihren Räthen war damals nach Berlin verlegt und mit der Domainen=Kammer des Prinzen Ferdinand vereinigt. Kammer=direktor war der durch seine rastlose Thätigkeit hoch=verdiente Direktor Stubenrauch. Im übrigen bildete die Ordensregierung ein, unter der Aufsicht der Königl. Regierung stehendes Mediat=Kollegium, unter welchem die in den Ordensgütern wohnenden eximirten Personen in erster Instanz, die Städte Sonnenburg und Zielenzig, die Ordensämter, Ordens=Lehnvasallen=Güter und Lehnschulzen=Höfe in erster und zweiter Instanz standen. Die dritte Instanz war das Geheime Ober=Tribunal zu Berlin. Alle Rechts= und Vormundschaftssachen wurden in Sonnenburg durch einen Ordens=Justitiarius besorgt. Dem Heermeister stand die Wahl des ganzen Personals zu.

Diesem würdigen Manne, dem Direktor Stuben=rauch, verdankte Sonnenburg auch die Gründung einer sogenannten Industrie=Schule im Jahre 1792. Vierzig bis funfzig junge Mädchen wurden von der Frau des Küsters täglich 2 Stunden Nachmittags im Stricken und Nähen, im Zuschneiden, Anfertigen und Ausbessern von Hemden, im Ausbessern alter Kleidungsstücke, Zeichnen der Wäsche, Spinnen von Wolle und Flachs unentgeltlich unterrichtet. Das Material wurde geliefert, die Arbeiten, als Hemden, Strümpfe u. s. w., verkauft und das Arbeitslohn nach einer ortsüblichen Taxe den Mädchen ausgetheilt, von denen die ausgezeichnetern bei Gelegenheit der Prüfung auch noch Prämien erhielten. Dies Institut wurde auf Kosten des Heermeisters unterhalten.

Das Edikt über die Einziehung der Johanniter-Ordens- und sämmtlicher geistlicher Güter in der Monarchie vom 30. Oktober 1810 lautete folgendermaaßen:

In Erwägung

a) daß die Zwecke, wozu geistliche Stifter und Klöster bisher errichtet wurden, theils mit den Ansichten und Bedürfnissen der Zeit nicht vereinbar sind, theils auf veränderte Weise besser erreichbar sind;

b) daß alle benachbarte Staaten dieselben Maaßregeln ergriffen haben;

c) daß die pünktliche Abzahlung der Kontribution an Frankreich nur dadurch möglich wird,

d) daß wir die ohnedies sehr großen Anforderungen an das Privatvermögen unserer getreuen Unterthanen ermäßigen, verordnen Wir, wie folgt:

§. 1. Alle Klöster, Dom- und andere Stifter, Balleien und Kommenden, sie mögen zur katholischen oder protestantischen Kirche gehören, werden von jetzt an als Staatsgüter betrachtet.

§. 2. Alle Klöster, Dom = und andere Stifter, Balleien und Kommenden sollen nach und nach eingezogen werden und für Entschädigung der Benutzer und Berechtigten soll gesorgt werden.

§. 3. Vom Tage dieses Edikts an dürfen

a) keine Anwartschaften ertheilt, keine Novizen aufgenommen und Niemand in den Besitz einer Stelle gesetzt werden,

b) ohne Unsere Genehmigung keine Veränderung der Substanz vorgenommen werden,

c) keine Kapitalien eingezogen, keine Schulden kontrahirt oder die Inventarien veräußert werden,

d) keine neuen Pachtkontrakte ohne Unsere Genehmigung geschlossen, keine älteren verlängert werden.

Alle gegen diese Vorschriften unternommenen Handlungen sind nichtig.

§. 4. Wir werden für hinreichende Belohnung der obersten geistlichen Behörden und mit dem Rathe derselben für reichliche Dotirung der Pfarreien, Schulen, milden Stiftungen und selbst derjenigen Klöster sorgen, welche sich mit der Erziehung

der Jugend und der Krankenpflege be=
schäftigen und welche durch obige Vor=
schriften entweder an ihren bisherigen
Einnahmen leiden oder deren durchaus
neue Fundirung nöthig erscheinen dürfte.
Gegeben Berlin, den 30. Oktober 1810.

Friedrich Wilhelm.

v. Hardenberg.

Hierauf erfolgte in Gemäßheit des vorstehenden
Ediktes, die Königliche Urkunde vom 23. Januar
1811, wodurch die Ballei Brandenburg des Johan=
niter = Ordens, das Heermeisterthum und alle Komthu=
reien aufgelöst und sämmtliche Güter des Heermeister=
thums als Staatsgüter eingezogen wurden.

Endlich stiftete in schwerer, verhängnißvoller Zeit
der in Gott ruhende, Hochselige Heldenkönig Friedrich
Wilhelm III. durch nachstehende Kabinets = Ordre den
Königl. Preußischen Johanniter = Orden durch die

Urkunde über die Errichtung des Königl. Preußischen
Johanniter = Ordens. Vom 23. Mai 1812.

**Wir Friedrich Wilhelm, von Gottes Gnaden
König von Preußen ꝛc. ꝛc.**

Durch Unser Edikt vom 30. Oktober 1810 sind
aus den darin angeführten Gründen, so wie in

Gemäßheit dieses Edikts, durch Unsre Urkunde vom 23. Januar 1811 die Ballei Brandenburg des Johanniter=Ordens, das Heermeisterthum, so wie die Kommenden derselben gänzlich aufgelöset, und die sämmtlichen Güter des Heermeisterthums und der Kommenden dieser Ballei sind, als Staats= güter, eingezogen worden.

Wir bestätigen

1. Durch Unsre gegenwärtige Urkunde, diese gänzliche Auflösung und Erlöschung der Ballei Brandenburg des Johanniter=Ordens, des Heermeisterthums und der Kommenden derselben, so wie die Einziehung der sämmtlichen Güter des Heermeisterthums und der Kommenden dieser Ballei, als Staatsgüter; wollen und verordnen, daß es bei dieser gänzlichen Auflösung, Erlöschung und Einziehung in allen Folgezeiten verbleiben soll.

Dagegen

2. errichten Wir hiermit, zu einem ehrenvollen An= denken der nunmehr aufgelöseten und erloschenen Ballei des St. Johanniter=Ordens, einen neuen Orden, in der Eigenschaft und unter der Benen= nung:

Königlich Preußischer St. Johanniter=
Orden,

welcher von nun an zu Unsern Königl. Preußischen Orden gehören soll.

3. Wir erklären hierdurch Allergnädigst, daß Wir Höchstselbst souverainer Protector dieses Ordens sind.

4. Derselbe soll aus einem von Uns Höchstselbst abhängigen Großmeister, und einer von Unserm Höchsten Willen abhängenden Anzahl von Rittern bestehen.

5. Die Ernennung des Großmeisters geschieht durch Uns Höchstselbst.

6. In Hinsicht der großen Verdienste, welche Unsers freundlich geliebten Groß=Oheims, des Prinzen Ferdinand von Preußen, Königl. Hoheit und Liebden, sowohl um Unsre Monarchie, als insbesondere um das ehemalige Herrenmeisterthum der aufgelöseten Ballei Brandenburg haben, welchem Sie in einer langen Reihe von Jahren und bis zu desselben Auflösung, rühmlich vorgestanden, ernennen Wir hierdurch, gedachten Unsern freundlich geliebten Groß=Oheim, den Prinzen Ferdinand von Preußen, zum Großmeister des Königlich Preußischen St. Johanniter=Ordens.

7. Auf den Fall gedachter Seiner Königl. Hoheit und Liebden dereinstigen Ablebens, welches die göttliche Vorsehung noch lange entfernen wolle, und für die Zeit von diesem Ableben an, ernennen Wir hiermit Unsers freundlich geliebten Bruders, des Prinzen Heinrich von Preußen, Königl. Ho=

heit und Liebden, welcher, bis zur Auflösung der Ballei, Coadjutor im Herrenmeisterthume derselben war, zum Großmeister des Königl. Preußischen Johanniter = Ordens.

8. Ernennen Wir hiermit zu Rittern dieses Ordens alle diejenigen, welche, als wirklich eingekleidete Ritter des Johanniter = Ordens der aufgelöseten Ballei Brandenburg, zur Tragung der Ehren= zeichen des eben gedachten alten Ordens berechtigt waren.

9. Behalten Wir Uns vor, die mit ehemaligen, jetzt aufgelöseten, Anwartschaften versehene Mit= glieder der erloschenen Ballei Brandenburg, auf vorgängige Prüfung und nach Befinden der spe= ziellen Umstände eines jeden einzelnen Falles, zu Rittern des Königl. Preußischen Johanniter = Or= dens Allergnädigst zu ernennen.

Diese ehemaligen Anwarter können sich, mit ihren Bittschriften um diese Ernennung, an Uns unmittelbar, oder an den Großmeister wenden, und wir wollen sodann, auf den Antrag des Großmeisters oder auf ihre unmittelbare Bitte, nach Unserm Gutfinden entweder sofort entscheiden, oder den Bericht Unserer General = Ordenskommis= sion erfordern und auf diesen Bericht Unsern Be= schluß ertheilen.

10. Werden Wir, nach Unserm Wohlgefallen, solchen

Perſonen, welche ſich um Uns, um Unſer Königl. Haus, und um Unſre Monarchie verdient gemacht haben, Unſern Königl. Preußiſchen Johanniter-Orden ſowohl aus Höchſteigner Bewegung ertheilen, als auf die Anträge des Großmeiſters nach geſchehener Prüfung zu ertheilen Uns vorbehalten, auch, wann Wir es gutfinden, Berichte Unſerer General-Ordenskommiſſion über dieſen Gegenſtand erfordern.

11. Die Inſignien dieſes Ordens ſollen beſtehen, in einem goldnen, achtſpitzigen weiß emaillirten Kreuz ohne die bisherige große Krone darüber, in deſſen vier Winkeln der mit einer goldenen Krone gekrönte Königl. Preußiſche ſchwarze Adler ſich befindet, und welches an einem ſchwarzen Bande um den Hals getragen wird; desgleichen in einem auf der linken Seite des Kleides befindlichem weißen Kreuz.

12. Der Großmeiſter trägt ein größeres Kreuz an einem breiteren Bande, wie auch ein größeres geſticktes Kreuz. Die Ritter tragen ein kleineres Kreuz an einem ſchmaleren Bande, wie auch ein kleineres Kreuz an der linken Seite des Kleides.

13. Dem Großmeiſter und den Rittern ertheilen Wir Befugniß zur Tragung der in der Anlage Litt. a. beſchriebenen Uniform.

14. Die bisherigen Ritter behalten die alten Inſignien.

152

15. Den im 9. und 10. Artikel der gegenwärtigen Urkunde bezeichneten, von Uns allergnädigst zu Rittern
künftig zu ernennenden Personen, werden Wir
durch Unsere General-Ordenskommission bekannt
machen lassen, was sie gegen Erhaltung der Insignien des Königlich Preußischen Johanniter-
Ordens zu entrichten haben.

16. Wir erweitern hiermit die durch Unsre Urkunde
vom 18. Januar 1810 Unserer General-Ordenskommission in Angelegenheiten der Königl. Preußischen Orden und Ehrenzeichen ertheilten Aufträge,
Amtspflichten und Amtsbefugnisse dahin, daß dieselben sich auf Unsern Königl. Preußischen Johanniter-Orden mit erstrecken sollen und behalten
Uns vor, einen Ritter dieses Ordens zum Mitgliede dieser Unserer General-Ordenskommission
dergestalt zu ernennen, daß die Angelegenheiten
dieses Ordens von Unserer ganzen General-Ordenskommission, mit Zuziehung des gedachten
Mitgliedes, bearbeitet werden sollen.

17. Der Verlust Unsers Königl. Preußischen Johanniter-Ordens soll in denselben Fällen und auf
dieselbe Weise von Uns Höchstselbst ausgesprochen
werden, welche in Unserer Erweiterungsurkunde
vom 18. Januar 1810 für die Königl. Preußischen Orden und Ehrenzeichen im 17. Paragraph
der gedachten Erweiterungsurkunde bezeichnet sind.

Urkundlich unter Unserer Allerhöchst eigenhän=
bigen Unterschrift und Unserm anhängenden König=
lichen größern Insiegel geschehen und gegeben zu
Berlin, den dreiundzwanzigsten Mai des Ein=
tausend achthundert und zwölften Jahres.

(gez.) **Friedrich Wilhelm.**

v. Hardenberg.

Litt. a.

Die Uniform besteht aus einem rothen Rock;
der Kragen, die Aufschläge, das Unterfutter, die
Weste und Unterkleider sind weiß. Auf Kragen
und Aufschlägen befinden sich goldne Litzen. Der
Rock hat goldne Epaulets, die Knöpfe sind gelb
und das Kreuz des Ordens ist auf demselben
befindlich.

Seit dieser Zeit ist das Zeichen der Ordens=An=
gehörigkeit, das achteckige Johanniter=Kreuz, das man
sonst in jedem zum Orden gehörigen Orte gewahrte,
größtentheils verschwunden, und die Zeit würde allgemach
auch die letzten Ueberreste verwischt haben, wenn nicht
der Geist christlicher Liebe, aus dem der Orden einst

hervorgegangen, in unseren Tagen die Ballei Brandenburg wieder belebt hätte, so daß das Ordenskreuz wieder wie in den schönsten Tagen des Ordens zum Zeichen christlicher Krankenpflege gemacht, und aus einem Gnadenzeichen in sein altes Recht, das Symbol einer ritterlichen Hospitaliter=Genossenschaft zu sein, wieder eingesetzt worden ist. Wenn auch ein Theil der Zwecke des großen ursprünglichen Johanniter=Ordens, der Kampf gegen die Ungläubigen und die Pflege der Pilger, von dem Johanniter=Orden des Heermeisterthums Sonnenburg auch in den Jahrhunderten seines Bestehens nicht mehr verfolgt werden konnte, da es in der Mark weder Ungläubige noch Pilgrime gab, so ist doch menschenfreundliche Krankenpflege von dem Orden in seinen Hospitälern auch hier nie versäumt worden.

Doch war dieser Zweck zu sehr aus dem Bewußtsein des Ordens selbst, und völlig aus dem der außer dem Orden stehenden Personen geschwunden, als daß er noch eine belebende Kraft gehabt hätte, und in der Säkularisation der Ballei Brandenburg sah seiner Zeit Niemand etwas Anderes als die Einziehung von Pfründen.

Die Strömung des neu erwachten Geistes, welcher die christliche Krankenpflege in freier und durch Gelübbe nicht gebundenen Liebe als eine hohe Aufgabe der

Evangelischen Kirche zu erkennen beginnt, die bereits zur Gründung zahlreicher Diakonissen-Anstalten geführt hat, und in der Stiftung des Schwanen-Ordens einen Ausdruck gefunden hatte, verbunden mit dem wieder-erwachten Bewußtsein der Pflichten des deutschen Adels, hat einer andern Betrachtung des Johanniter-Ordens Bahn gebrochen.

Das Verdienst der ersten öffentlichen Anregung zu einer solchen, den Stiftungszwecken entsprechenden An-schauung des Ordens gebührt dem Kreisrichter Scholle zu Sonnenburg, der, von dem Wunsche beseelt, das dortige Ordensschloß als Andenken an den Orden zu erhalten *), bereits im Jahre 1850 die Sammlung von Beiträgen dazu angebahnt und Seiner Majestät Billigung dieses Unternehmens nachgesucht hat. Diese erfolgte in nachstehendem Allerhöchsten Bescheide **):

„Mein lieber Kreisrichter Scholle. Ich habe aus Ihrer Eingabe vom 15. v. M. mit Wohl-gefallen ersehen, wie Sie bemüht sind, die Mittel zur Erhaltung und Herstellung des ehe-maligen Johanniter-Ordensschlosses zu beschaffen,

———————

*) Wir möchten dasselbe von der großartigen ehrwürdigen Ordens-Komthurei Feste Lagow im Sternberger Kreise wünschen, diesem Denkmal einer großen Vergangenheit.

**) Nach einer Mittheilung des Wochenblatts und Anzeigers des Sternberger Kreises von 1851. No. 9. S. 40.

und versichere Sie gern, daß dieses Unternehmen Meine vollkommene Billigung hat. Von dem Fortgange der von Ihnen angeregten Sammlung wünsche ich in Kenntniß erhalten zu werden, und will für den Fall, daß das Unternehmen so viele Theilnahme findet, daß die Herbeischaffung der zur Instandhaltung des Schlosses nöthigen Geld-Summen zu erwarten steht, Meinerseits auch einen Beitrag zu diesem Zwecke in Aussicht stellen. Es ist auch Meine Absicht, nach erfolgter Herstellung dem Schlosse eine seiner historischen Bedeutung mehr entsprechende Bestimmung zu geben, und gedenke vielleicht, in Erinnerung an die Entstehung des Johanniter-Ordens dasselbe als Hospital verwenden zu lassen. Jedoch will ich mir die weitere Bestimmung vorbehalten."

Sanssouci, den 3. August 1850.

(gez.) **Friedrich Wilhelm.**

Die von dem Kreisrichter S ch o l l e begonnene Sammlung hat nun allerdings nicht den Ertrag geliefert, daß aus demselben die Herstellung des Schlosses hätte erfolgen können.

In viel ausgedehnterer Weise aber, als dieser würdige Mann bei dem Beginn seiner Sammlung es für möglich gehalten hatte, ist die Erhaltung und Wiederherstellung des Ordensschlosses zu Sonnenburg gesichert durch die seitdem erfolgte Wiederherstellung des Evangelischen Johanniter-Ordens als einer Ritter-lichen Hospitaliter-Genossenschaft im ältesten Sinne des Ordens, der Stiftung des Meisters Ger-hard entsprechend.

Am letzten Geburtstage Sr. Majestät des Königs haben Allerhöchstdieselben diese Wiederherstellung durch nachfolgende Kabinets-Ordre beschlossen:

Ich will gegenwärtig die längst von mir gehegte Ab-sicht zur Ausführung bringen, dem Preußischen St. Johanniter-Orden eine seiner ursprünglichen Stiftung entsprechende gemeinnützige Bestimmung zu geben und setze zu dem Ende Folgendes fest:

1. Die Ballei Brandenburg des evangelischen St. Johanniter-Ordens ist, unbeschadet der durch das Edikt vom 30. Oktober 1810 erfolgten Ein-ziehung der Güter derselben als Staatsgüter, wieder hergestellt.

2. Zu wirklichen Mitgliedern der Ballei Branden-burg des St. Johanniter-Ordens (Komthuren und Rechtsrittern) sollen von jetzt an nur solche, des Ordens würdige Personen *) ernannt werden,

---

*) Dem Vernehmen nach wird bei der Aufnahme in die Ballei Brandenburg an der Bedingung festgehalten werden, daß die Aufzunehmenden Evangelischer Konfession, Deutsche und von Adel sind.

welche sich verpflichten, für die Zwecke des Or=
dens einen jährlichen Beitrag von mindestens
12 Rthlr. zu zahlen und ein Eintrittsgeld von
100 Rthlr. erlegen.

3. Die gegenwärtig noch am Leben befindlichen Rit=
ter, welche vor der Säkularisation den Orden
erhalten haben, sollen auch ohne Uebernahme
dieser Leistungen wirkliche Mitglieder dieses
Ordens sein. Die nach der Säkularisation er=
nannten, jetzt vorhandenen Ritter des Königlich
Preußischen St. Johanniter=Ordens aber sollen
das Recht haben, sich zu wirklichen Ordens=
Mitgliedern aufnehmen zu lassen, auch von der
Zahlung des Eintrittsgeldes entbunden sein.
Den darunter befindlichen Ausländern steht es
frei, die Verpflichtung zu laufenden Beiträgen
durch eine einmalige Zahlung von 200 Rthlr.
abzulösen.

4. Diejenigen nach der Säkularisation ernannten
Ritter des Königlich Preußischen St. Johanniter=
Ordens, welche von der ihnen vorstehend bei=
gelegten Befugniß keinen Gebrauch machen,
gehören nicht zu den wirklichen Ordens=Mit=
gliedern und sollen die Bezeichnung „Ehren=
Ritter" führen. Ich behalte Mir vor, noch
fernerhin solche Ehren=Ritter nach den Bestim=

mungen der Errichtungs-Urkunde vom 23. Mai 1812 zu ernennen. Wer zum Ehren-Ritter ernannt wird, hat für die Insignien 100 Rthlr. zu entrichten, und wenn die Ernennung auf sein Ansuchen erfolgt, das Doppelte dieses Betrages.

5. Diese Zahlungen, sowie die Eintrittsgelder und die laufenden Beiträge der wirklichen Ordens-Mitglieder fließen in die zu errichtende Kasse des St. Johanniter-Ordens. Aus derselben sollen Krankenanstalten begründet und unterhalten werden, und zwar soll der Anfang mit Einrichtung eines Spitals im ehemaligen Ordens-Schlosse zu Sonnenburg gemacht werden, sobald die dazu nöthigen Mittel angesammelt sind. Ferner

6. will Ich dem Orden, dessen innere Verfassung Ich durch ein Statut regeln werde, hierdurch Korporationsrechte verleihen.

Meine gegenwärtige Ordre ist durch die Gesetzsammlung zur öffentlichen Kenntniß zu bringen.

Sanssouci den 15. Oktober 1852.

Friedrich Wilhelm.

v. Manteuffel.

An das Staats-Ministerium.

Behufs Regelung des Verfahrens hinsichtlich der Behandlung der seit Veröffentlichung der Ordre vom 15. Oktober 1852 zahlreich eingehenden Anträge auf Aufnahme in die Ordens-Genossenschaft, bis zur Bildung des Ordens-Kapitels, ist nachfolgende Allerhöchste Kabinets-Ordre vom 21. Januar 1853 ergangen:

In Verfolg Meiner, die Reorganisation des St. Johanniter-Ordens betreffende Ordre vom 15. Oktober v. J. bestimme Ich hierdurch, daß bis zur Bildung des Kapitels der Ballei Brandenburg des St Johanniter-Ordens alle Anträge wegen Aufnahme zu wirklichen Mitgliedern der Ballei und wegen Ernennung zu Ehren-Rittern an die General-Ordenskommission zu richten sind, welche diese Anträge, sowie die eingehenden Geldbeiträge, bis zur Bildung des Kapitels zu asserviren und demnächst an dasselbe abzuliefern hat. Ich überlasse Ihnen, die General-Ordenskommission hiernach mit Anweisung zu versehen.

Berlin den 31. Januar 1853.

Friedrich Wilhelm.

v. Manteuffel.

An den Minister-Präsidenten.

Seitdem haben Se. Majestät der König als Patron und Schutzherr der Ballei Brandenburg diejenigen Ordensritter, welche vor der Säkularisation in den Orden aufgenommen waren, und als solche noch den förmlichen Ritterschlag empfangen hatten, zu Kommendatoren der Ballei ernannt. Diese Kommendatoren, acht an der Zahl, sind zum Kapitel des Ordens zusammengetreten, und auf Grund des dem Kapitel der Ballei durch den Heimbacher Vergleich zugestandenen Rechtes zur Wahl eines Herrenmeisters geschritten. Aus den nach altem Gebrauche dem Kapitel von Sr. Majestät dem Könige als Markgrafen von Brandenburg präsentirten Personen ist Se. Königliche Hoheit der Prinz Karl von Preußen zum Herrenmeister der Evangelischen Ballei Brandenburg des Ritterlichen Hospitaliter-Ordens von St. Johannes von Jerusalem gewählt worden.

Eine neue Aera beginnt für die Ballei Brandenburg! Möge der rechte Geist, der bei der Stiftung des Ordens gewaltet hat, auch in dem neuerwachten Zweige Macht gewinnen!

Ein gutes Omen für das künftige Leben im Orden ist, daß an demselben Tage, an welchem Se. Majestät der König die Wiederbelebung desselben beschlossen, Allerhöchstdemselben die Statuten einer unter den schle-

ſiſchen Rittern des Ordens aus freiem Entſchluſſe ent-
ſtandenen Genoſſenſchaft zur Beſtätigung überreicht
worden ſind, welche zu Zwecken der Krankenpflege
und der Erziehung zuſammengetreten iſt. Der Anſchluß
dieſer Genoſſenſchaft an die Ballei iſt dem Vernehmen
nach ſchon vorbereitet.